AF581939

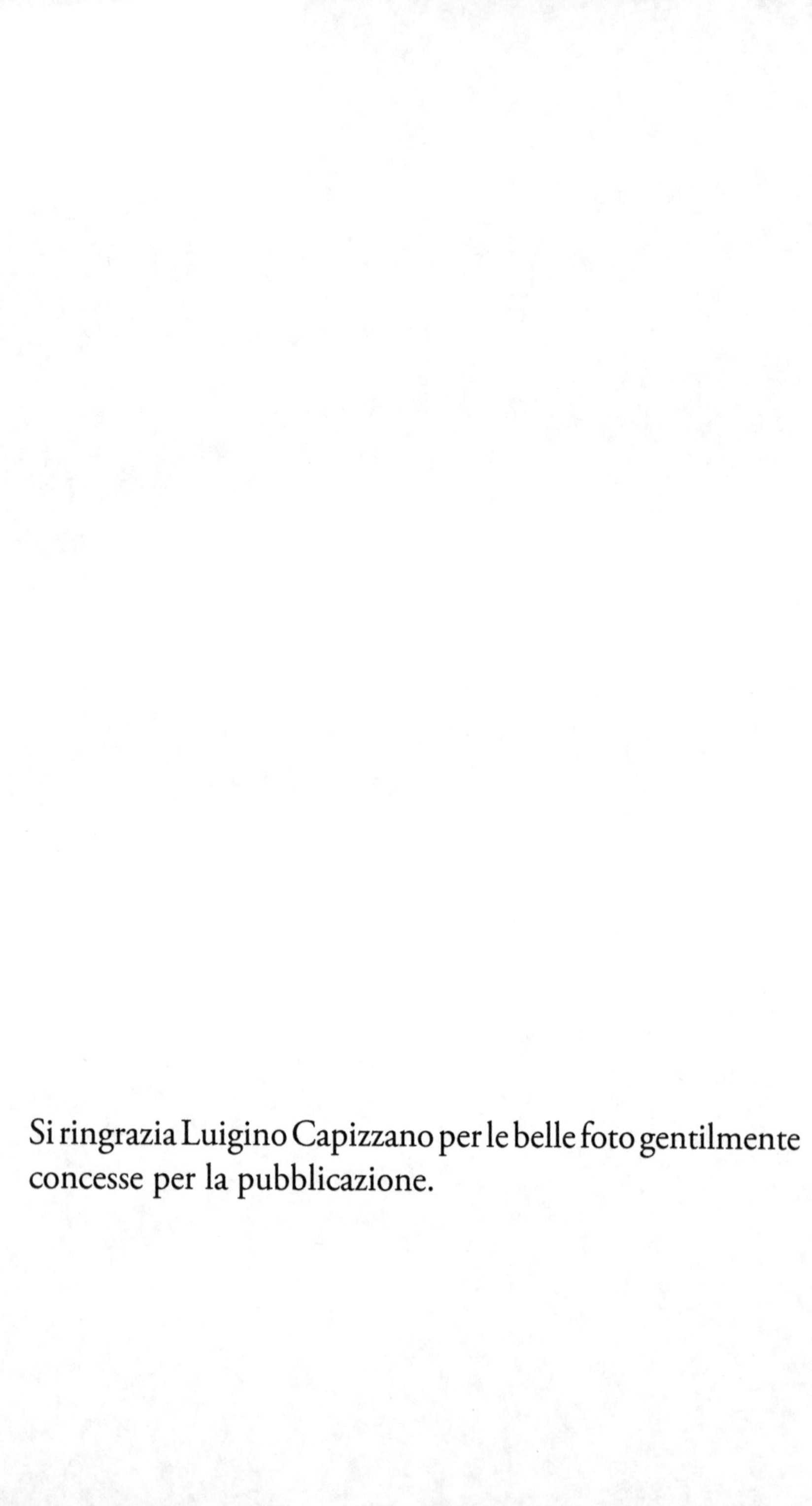

Si ringrazia Luigino Capizzano per le belle foto gentilmente concesse per la pubblicazione.

Vincenzo Napolillo

Cosenza

Storia e cultura

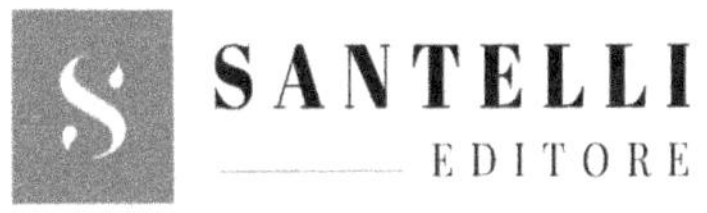

Cosenza - Storia e cultura
di Vincenzo Napolillo
prima edizione: aprile 2021

Gruppo Editoriale Santelli

Santelli editore
Viale G. Mancini 236,
Cosenza 87100
0984.406939
info@santellieditore.it
www.santellieditore.it

Impaginazione a cura di *Francesco Grano*

Senza ombra di dubbio la storia
è l'arte di lasciarsi sorprendere.
(Patrik Boucheron)

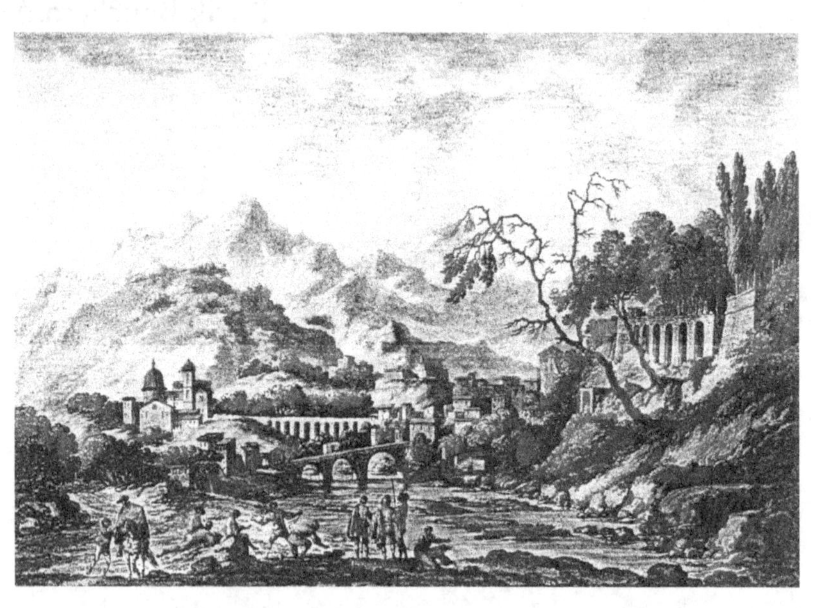

Abate Saint-Non Veduta dei dintorni di Cosenza

I SEGNI DELLA STORIA

Cosenza (alt. 238 s. l. m.), città della Calabria situata all'inizio della media valle del Crati, dove questo fiume accoglie il Busento, fu metropoli dei Brettii, chiamati «bilingui» perché parlavano la lingua osca e quella greca.[1] Fu edificata alle pendici del colle Pancrazio e di altre sei colline, rappresentate nel suo stemma municipale: *Guarassano, Gramazio, Triglio, Mussano, Venere, Torrevetere* e *Pancrazio.* George Gissing, in *By de Ionian sea* (1897), descrisse la città di Cosenza con parole di lusinghiero apprezzamento: *La città è costruita su un ripido pendio, sopra il punto dove due fiumi, provenienti dalle due opposte valli, confluiscono sotto un unico nome, quello del Crati (...). Nell'insieme, è una graziosa piccola città. Il giardino pubblico è sistemato graziosamente ed è pieno di acacie con piccole strade per la passeggiata e le fontane. La popolazione non è per nulla rumorosa come i napoletani (...). Le signore non si vedono fuori dalle porte. Le donne del popolo sono dignitose e sono austere nel viso. All'apparenza sembrano straniere nel loro costume originale sgargiante; una gonna color scarlatto, non molto al di sotto delle ginocchia e una veste blu stranamente ripiegata con un fiocco blu sul retro, con una imponente sottoveste bianca.*[2]

Il toponimo *Cosenza* deriverebbe, secondo John Bassett Trumper, da *Keus* (indoeuropeo) o *Cōsa* (per il dittongo ridottosi a una *ō* lunga in lingua osca) col significato di

1 M. INTRIERI, *I Brettii*, II, Soveria Mannelli, Rubbettino, 1995, pp. 18-19. Strabone, Appiano Alessandrino (lib. V) e Plinio, Pomponio Mela, Antonino, Livio, Tolomeo fecero parola della capitale della Brettia (Calabria).
2 D. CRISTOFARO, *George Gissing. Il viaggio desiderato (Calabria 1897)*, Cosenza, Pellegrini, 2005, p. 81.

grotta in cui trovare riparo e nascondere il bottino ricavato dalle scorrerie nei dintorni e lungo le coste. Nella lettura dei frammenti di Ecateo, data da Stefano di Bisanzio, la città è indicata col nome di *Brettio*, da Bretto, figlio di Ercole, che si accoppiò con Balezia.[3] Diodoro Siculo indicò, in *Biblioteca storica*, la conquista dell'autonomia politica di Cosenza nell'anno 356 a. C., quando i suoi fondatori si rivoltarono e sottrassero alla soggezione dei Lucani ed elessero Consentia capitale. Delia Guasco afferma che le fonti storiche nominano i *Brettii* (in lingua greca) o *Bruttii* (in lingua latina), stanziati nel Bruzio (ora Calabria), solo nel IV secolo a. C.[4] Strabone, che per molti secoli fu considerato il geografo per eccellenza, scrive: *Contigua a Temesa c'è Terina e viene poi Consentia, metropoli dei Brettii, il popolo che ha ricevuto il nome dai Lucani: infatti questi ultimi chiamano Brettii i ribelli. Questi Brettii si ribellarono, a quanto dicono, quando Dione fece guerra a Dionisio II* (tiranno della Sicilia).[5] Le testimonianze più antiche di Cosenza sono i resti di *opus reticulatum* (d'epoca romana) e forse quelli della famosa *fortezza Brezia.*[6]

Le monete antiche che si «stamparono» in Cosenza e si diffusero in tutta la Repubblica Brettia sono riportate nel terzo libro di Guidone e descritte da Girolamo Marafioti.[7] Si contano sulle dita della mano le monete di bronzo

---

3 STEFANO BIZANTINO scrisse: *Brettium, urbs Brettiorum Tyrrenorum, a Brettio filio Herculis, ex Baletia puella Baleti filia, conditum.* È una leggenda che viene ripetuta da da storici di scarso senso critico e da alcuni studiosi di numismatica.

4 D. GUASCO, *Popoli italici. L'Italia prima di Roma*, Giunti, 2006, p. 77.

5 G. BARRIO, nel *De antiquitate et situ Calabriae*, scrive: «Cosenza, nobile città potente per ricchezze e antichissima tra i fiumi Crati e Basento, fu fondata dagli Ausoni o certamente dagli Enotri».

6 S. NUCCI (a cura), *Cosenza. C'era una volta*, Iconografia raccolta e catalogata da F. Gentile, A. Salzano, S. Cavalcanti, Cosenza, Falco Editore, 2017.

7 Si deve a Marilena Cerzoso, direttrice del Museo dei Brettii e degli Enotri d'aver messo in funzione un'app per visualizzare il monetiere di 300

con l'etnico KOS custodite al British Museum di Londra.[8] Una di esse ha, nel lato diritto, incisa la testa di guerriero rivolta verso destra, con la barba e con l'elmo e sopra la lettera O, e, nel rovescio, il fascio di fulmini, con sopra l'epigrafe *Kos* e sotto le tre lune crescenti rovesciate. L'epigrafe Kos richiama il nome di Coo o Cos, in greco Kos, un'isola del mare Egeo, resa celebre da Ippocrate che vi ebbe i natali. Qui è da notare l'acceso dibattito su *Cossa,* che assegna il toponimo a Cosenza, scambiando la città dei Brettii con l'antica *Cosa* o *Cosanum* «in agro Thurino», cioè di Cassano allo Ionio.[9] Romanelli ha posto Cosa nel sito di *Conca* dei Tirreni citando il passo di Vellejo: *Herculaneum simul cum T. Didio caperet, Pompeios cum L. Sulla oppugnaret, Cosa occuparet*. Pellegrino pretese provare che i fondatori di Cosa furono gli Etruschi, i quali appellarono *Cosa* dalla loro città di Etruria, che aveva lo stesso nome, come affermò Strabone. In Campania si rievocano i Canti dell'antica Cossa, che significa «coppa», città sannita distrutta dai romani insieme con Telesia, secondo gli storici, nel 202 a. C. Ci fu anche chi volle identificare Cosa con *Compsa* in Irpinia. Ce n'è abbastanza per concludere che dalla monetazione non si ricava l'esistenza di un villaggio sorto a Cosenza prima del IV secolo a. C. Marincola Pistoia chiarì che le monete furono coniate posteriormente all'affrancamento dei Brettii dai Lucani, «che fu l'anno I° della CVI olimpiade, poiché allora Consentia (356 a. C.) divenne loro metropoli e probabilmente acquistò autonomia».[10]

---

monete risalenti all'epoca dei brettii, dei greci, dei romani, fino all'età moderna coniugando l'aspetto innovativo con quello funzionale.

8 V. NAPOLILLO, *Un pezzo di Calabria al British Museum*?, in «Parola di Vita», a. 13, n. 7, 27 febbraio 2020, p. 11.

9R. DE CICCO, *La città brettia di Castiglione di Paludi*, in «Parola di Vita, a. 14 (2021), n. 2, p. 20. Egli pensa al sito di Castiglione di Paludi, «anche se avverte che la sua l'identificazione con Cossa «è tutt'altro che certa».

10 D. MARINCOLA PISTOIA, *Di alcune antiche città della parte più meridionale d'Italia oggi nomata Calabria*, Catanzaro, Tipografia all'insegna del Pitagora, 1869, p. 216.

Lenormant è dello stesso avviso: solo sotto i Bruzi le città come Cosentia, Hipponion, Medma, Nucria e Petelia «acquistarono la facoltà di coniare monete in bronzo». Ciò nonostante Marco Pellegrini crede che *Cossa* sia stato il primo nome del villaggio edificato lungo il Busento e che furono i conquistatori romani a cambiare il primo nome in *Consentia.* Ma gli scavi archeologici respingono la fondazione di Consentia prima dell'arrivo dall'Ellade delle più antiche colonie. L'archeologo Pier Giovanni Guzzo dichiara che le fondamenta di un grande edificio cosentino nella piazzetta Toscano e di altri edifici conosciuti poggiano su «terreno vergine», e nega in modo perentorio che «la Cosenza brettia sia succeduta a un precedente abitato».[11] Strabone, che conosceva bene la carta geografica della terra disegnata da Ecateo di Mileto, collocò Consentia poco al di sotto Pandosia, fortezza munita di difese naturali, presso la quale morì Alessandro d'Epiro, detto il Molosso.[12] Chiamato dai Tarantini in loro aiuto, Alessandro il Molosso, zio materno di Alessandro Magno, fu ferito a morte da un soldato lucano sotto le mura di Pandosia Bruzia (331 a. C.). Tito Livo, in *Ab Urbe condita* (lib. III), confermando l'origine di Cosenza dai Lucani (*Consentia ex Lucanis*), attesta: *Alessandro sbaragliò le forze dei Bruzi e dei Lucani; tolse ai Lucani Eraclea, colonia di Taranto, conquistò Siponto, città degli Apuli, Cosenza dei Bruzi e Terina ed altre città dei Messapi e dei Lucani; mandò trecento famiglie nobili in Epiro da tenere in ostaggio; alla fine andò a stabilirsi su tre alture abbastanza distanti l'una dall'altra, non lontano dalla città di Pandosia imminente ai confini Lucani e Bruzi, da dove poteva far partire scorrerie in ogni parte del territorio nemico (…). Mentre la sua schiera stava tentando il guado malsicuro, un soldato (miles), vinto dalla paura e dalla*

---

11 P. G. GUZZO, *Storia e cultura dei Brettii*, Soveria Mannelli, Rubbettino, 2019, p. 103. Nel 356 a. C. la città di Hipponion fu dominata dai Brettii, fino alla conquista romana.

12 STRABONE, *Geografia. L'Italia* libri V-VI, Introduzione, traduzione e note di Anna Maria Biraschi, Milano, Rizzoli, 1988, p. 215.

fatica, ebbe a maledire il nome di quel fiume esecrando: «Come hanno ragione a chiamarti Acheronte! urlò (...)! Il re era già quasi giunto fuori del guado quando uno dei fuorusciti lucani lo trapassò con un giavellotto scagliato da lontano. Scivolò nell'acqua e la corrente del fiume (Acheronte) trasportò il suo corpo esanime con quel giavellotto ancora infisso, proprio in mezzo alla guarnigione nemica: lì il suo corpo venne orribilmente straziato. Fu lacerato in due e una parte fu mandata a Cosenza. L'altra parte fu trattenuta e trasformata in oggetto di scherno: venne infatti usata come bersaglio di frecce e sassi (...). In tal modo finì quel massacro e ciò che rimase del corpo del re fu sepolto a Cosenza grazie all'atto di una donna isolata.[13] Cosenza venne coinvolta nelle vicende della guerra punica. Tito Livio narra che Annibale, generale cartaginese, *presa Petelia condusse le milizie a Cosenza, la quale essendo difesa meno pertinacemente si arrese in pochi giorni* (lib. XXV, c. 21).[14] Tito Livio precisa che nel secondo anno della seconda guerra punica (217 a. C.), le popolazioni di Cosenza (*Consentia*), Uffugo, Verge, Besidie, Ocricolo, Sifeo, Argentano, Clampetia e molte altre *ignobiles* passarono al console Gneo Servilio Gemino, che si trovava tra i Brettii (Titus Livius, *Hist. R.*, lib. XXX). Consentia fu conquistata dalle forze romane nel 204 a. C.

Nell'importante tracciato della via *Popilia-Annia,* il nome di «Consentia» compare nel miliario romano rinvenuto presso Polla: *Feci costruire la via da Reggio a Capua e sulla via coi ponti posi le pietre miliari e i tabellari. Da questo luogo fino a Nocera intercorrono 51 miglia, fino a Capua 84, a Morano 74, a Cosenza 123, a Valentia 180, alla Colonna di Reggio 231, a Reggio 237, per un totale da Reggio a Capua di 321 miglia. Io stesso quando ero pretore in Sicilia, feci catturare*

---

13 O. V. SCULLI, *Fonti latine sulla Calabria*, Ardore Marina, Arti Grafiche Edizioni, 2000, pp. 145-147.

14 Conclusa la guerra annibalica, i Romani si vendicarono credelmente del popolo bruzio, riducendolo in massa al grado di servo ed escludendolo dal diritto di prestare servizio militare. Colonie di cittadini romani vennero inviate a Tempsa, Kroton, Hipponium (194-190 a. C.).

gli schiavi fuggitivi degli Italici e ne restituii ai proprietari 917 e per primo feci in modo che sull'agro pubblico ai pastori subentrassero gli agricoltori. In questo luogo costruii un Foro insieme con gli edifici pubblici. Come si chiamava il magistrato che condusse le imprese elencate nell'*Elogium Pollae?* Theodor Mommsen attribuì la costruzione della via romana a *P. Pupillius Laenas* (console nel 132 a. C.). Il filologo tedesco Gruter, autore delle *Inscriptiones antiquae totius orbis romani,* lesse inciso il nome di *Aquilius Gallus,* tra la base e la statua sovrastante (che fu poi rimossa), sicché la via, rifatta e completata sotto l'imperatore Traiano (98 d. C.), fu chiamata anche *Aquilia.* Vittorio Bracco e Giuseppe Roma, dopo la scoperta del cippo miliario in contrada Vaccarizzo di Sant'Onofrio, che reca l'iscrizione: CCLX / T. ANNIUS T. F. / PR., hanno dato alla via Popilia anche il nome di *Titus Luscus Annius.*

Nel 1933, in Cosenza fu rinvenuta una necropoli della prima età brettia, in contrada Moio, sul sito dell'Ospedale civile dell'Annunziata. Furono portati alla luce, insieme con 70 tombe a fossa, del tipo «cappuccina» ricoperte di tegole, corredi funerari del IV-III secolo a.C., come tazze e crateri, gotti e *skiphos,* a vernice nera, di materiale argilloso, qualche moneta messa vicino al cranio o tra le dita della mano appoggiata sul petto. Poche tracce restano della Cosenza antica, costituite da strutture romane di età repubblicana e da corredi funerari che denotano una povera realtà sociale ed economica. Il sepolcreto portato alla luce nel 1812, dinanzi al palazzo Curati, nel luogo dove sono l'Episcopio e la Giostra Nuova, e l'altro sepolcreto scoperto nel 1842 dentro il giardino dell'Episcopio fanno aperta fede che sorgeva un pomerio lungo le mura, consacrato alla religione e vietato alla fabbricazione e all'abitazione. Eugenio Arnoni attestava: «I suddetti sepolcri erano formati di mattoni ben grossi; e vi si rinvennero degli scheletri, e di molte monete e stoviglie. I vasi di terra del primo, dei quali si servivano per uso di cucina i nostri padri antichi, erano di ottima qualità; non così quelli rinvenuti nel secondo, i quali erano rozzi affatto, e consistevano in orcioli, vasi lacrimatori, pentole e lucerne di varie fogge. Vi si rinvenne, tra l'altro, un teschio che conservava i denti tutti sani e bellissimi, i quali rivelavano che quello dovette appartenere ad un uomo ancor giovane. Ora, per una inqualificabile trascuranza, fin la memoria di queste nostre reliquie antiche è andata perduta!».[15] Nel 1824 furono dissotterrati, in contrada Pettine, gli avanzi di un tempio e alcune colonne di granito rosso e, nel 1826, furono scoperti presso il palazzo del barone Grisolia di Celico gli avanzi di un tempio con pavimento a mosaico. Nel Museo dei Bretti e degli Enotri, ubicato accanto alla chiesa di S. Agostino, sono accolti materiali di scavo e una preziosa collezione di bronzi preistorici: armi, fibule, statuette, vasi a decorazione geometrica, laterizi arcaici dipinti, rilievi.[16]

Cosenza, che Appiano chiamò «la grande città dei Bruzi» (*magnam Urbem Brutiorum*), si schierò a favore di Gaio Mario avversario del console Lucio Cornelio Silla. È ricordata da Orosio nelle guerre di Spartaco, gladiatore tracio che, fuggito da Capua con 70 compagni nel 73 a. C., raccolse numerosa truppa di schiavi e si trincerò sul Vesuvio. Si fortificò poi nella città di Thurii. Il potere di combatterlo fu dato al proconsole Licinio Crasso, il quale, piuttosto che attaccare, fece costruire un muro di Km. 55. Spartaco passò in Sicilia ma non poté andare in Africa. Dopo alterne vicende, raggiunse la Lucania, dove fu vinto e ucciso da Marco Licinio Crasso, detto *dives* per le sue ricchezze, nel 71 a. C., alle sorgenti del Silaro (Sele). Nella guerra civile, Sesto Pompeo, figlio minore di Pompeo Magno, tentò invano di espugnare Cosenza. Sotto Augusto, il

15 E. ARNONI, *La Calabria illustrata vol. III Cosenza*, Cosenza, Edizioni Orizzonti Meridionali, 1992, p. 13.

16 M. CERZOSO, *Cosenza Museo del Brettii e degli Enotri*, Cosenza, 2016.

Bruzio, la Lucania e il Salento entrarono a far parte della Terza Regione. Un prefetto, con ampi poteri, inviato dal pretore, pose la sua sede a Cosenza.[17] Alarico I re dei Visigoti saccheggiò Roma senza distruggerla e cercò di passare in Africa, ma respinto indietro da una burrasca nello stretto di Messina, fu preso a Cosenza da «morte improvvisa» e fu seppellito, nel 410, nel letto del Busento con parecchi suoi beni, come rapportano Jordanes e il longobardo Paolo Diacono. Cosenza divenne sede di un *gastaldato* longobardo nei secoli VIII-IX. Sotto le mura di Cosenza, come attesta l'autore anonimo della *Cronaca di Bari*, Ibrahim Ibn Ahmad trovò la morte «nella chiesa di San Pancrazio» (902). Ripresa dai Bizantini, Cosenza fu saccheggiata dai Saraceni nel 986 e nel 1009. La Rocca Bruzia, che domina la cittadina, restaurata da Valerio Flacco e poi ricostruita ad opera dei Saraceni, divenne castello normanno nel 1091, ad opera di Ruggero Borsa, duca di Puglia e Calabria dopo che si era pacificato con il fratellastro Boemondo. Il castello normanno fu ristrutturato dall'imperatore Federico II di Svevia. È chiamato normanno-svevo.

Il 24 giugno 1184, un terremoto, come attesta la *Cronaca di Montecassino*, fece crollare il tetto della chiesa e tutti i muri degli edifici di Cosenza. Rufo, arcivescovo cosentino, e molte persone «furono soffocati sotto il crollo dei muri». La chiesa cattedrale, dopo 38 anni dal terremoto, fu consacrata da Nicola Chiaromonte, legato pontificio (30 gennaio 1222), alla presenza dell'imperatore Federico II di Hohenstaufen. Dedicata alla Vergine Maria, costituisce un ingente patrimonio di pietà religiosa, arte e storia. La guerra contro re Manfredi, figlio naturale di Federico II di Svevia e nipote dell'imperatrice Costanza d'Altavilla, ebbe come principale artefice Bartolomeo Pignatelli, arcivescovo di *Costanza*. Manfredi, che aveva concentrato le

17 D. PASSARELLI, *Urbanistica a Cosenza, Evoluzione di una città dall'Unità d'Italia ad oggi*, Roma, Gangemi Editore, 1999, p. 15.

sue forze contro Carlo I d'Angiò in Benevento, vi rimase ucciso *a co del ponte* (26 febbraio 1266). Più volte scomunicato, non gli fu concessa la sepoltura in luogo consacrato. Il «Pastor di Cosenza», Bartolomeo Pignatelli, legato apostolico citato da Dante nel Purgatorio (canto III), lo fece dissotterrare e trasportare «a lume spento» e gettare nel fiume Verde (Liri). Delle sue ossa i regnicoli non poterono mai più trovare segno o memoria alcuna.[18]

Carlo I d'Angiò fu spietato verso i ribelli, specialmente contro Cosenza, che subì le peggiori angherie. A Cosenza morì il re Luigi III d'Angiò (1434). Il suo mausoleo non è stato ritrovato né viene ricercato in cattedrale, dove era visibile nell'Ottocento.

Cosenza fu centro delle lotte apertesi con la «Congiura dei baroni», definita «un classico» della crudeltà e doppiezza di Ferdinando I d'Aragona. Allettato dall'approvazione regia dei «Capitoli e grazie» del 16 marzo 1478, Ottavio Salamonio impiantò a Cosenza il torchio per stamparvi sette incunaboli. Durante il dominio di Spagna, che durò due secoli, si svilupparono a Cosenza gli studi filologici e scientifici.

Nel 1511, Aulo Giano Parrasio, umanista e professore di eloquenza a Milano, fondò l'Accademia che da lui prese il nome, vera gloria di Cosenza, che brillò di vivissima luce. L'imperatore Carlo V, di ritorno dall'Algeria, fece il suo ingresso solenne in Cosenza, che gli tributò archi di trionfo e feste e gli offrì 3000 ducati e un bellissimo cavallo.

Il Cinquecento, in particolare la seconda metà, fu il secolo d'oro di Cosenza, che teneva molti casali, che «paiono ottime castella», come scriveva Giovanni Lorenzo D'Anania in *L'universal fabbrica del mondo o vero cosmografia*. Durante il Viceregno di Don Pedro Afan de Rivera, Duca

18 Il 6 marzo 1266, ind. IX, nella città di Napoli, Carlo I d'Angiò, accompagnato dal Pignatelli, arcivescovo di Cosenza, si recarono al Duomo «per ringraziare l'Altissimo dell'ottenuta vittoria».

d'Alcalà, la persecuzione dei valdesi provocò la loro resistenza armata e numerose condanne a morte. Tre lettere conservate nell'Archivio dei Medici narrano i foschi particolari della vicenda sanguinosa, che interessò nel 1561 gli eretici di Montalto (Uffugo) e di Guardia (Piemontese). Per porre fine all'eccidio e alle atrocità legalizzate dell'Inquisizione, Pio IV incaricò Gaspare del Fosso, arcivescovo di Reggio Calabria, di sradicare la «mala semenza» adoperando «una linea morbida e una migliore giustizia». Da Montalto furono condotti nelle carceri di Cosenza 700 eretici, dei quali erano stati mandati a morte 86 relassi mentre 4 «dei più principali» furono bruciati nell'odierna Piazza dei Valdesi «a correzione della loro empietà».[19]

In Calabria il banditismo imperava sovrano. Marco Berardi risolse di ribellarsi al governo spagnolo e di proclamare l'indipendenza della Calabria dalla tirannide. Si mise alla testa d'un piccolo esercito di circa 1500 uomini, di cui 600 cavalieri. Nel 1563 fu organizzata contro di lui una spedizione agli ordini di Fabrizio Pignatelli, marchese di Cerchiara, che non riuscì a vincerlo in agguati e combattimenti. Il Duca d'Alcalà promise grosse taglie a chi l'uccidesse.[20] Sul suo teschio fu messo un cerchio di ferro e sul petto fu collocata una scritta col motto: *Marco Re de' Monti*.

Nella cronotassi dei Vescovi e Arcivescovi che da Cosenza fornirono, nelle varie epoche, il loro contributo alla Chiesa universale, si contano sette cardinali: Giovanni d'Aragona, figlio del re Ferrante I, eletto amministratore della Diocesi di Cosenza (1481-85) per la morte di Pirro Caracciolo-Pasquizi (*per obitum Petri*), Francesco Borgia, appellato il Cardinale di Cosenza (1499-1511), Niccolò Gaddi, cardinale amministratore (1527-35), Taddeo Gaddi (1535-

---

19 V. NAPOLILLO, *I Valdesi in Calabria*, in «Nuovo Meridionalismo», a. XXXV (2020), n. 223, pp. 61-62.

20 La *Cronaca* del Frugali narra che il cadavere di Marco Berardi, detto Re Marcone, fu ritrovato e condotto in trionfo a Cosenza, dove fu seppellito nel cimitero di Santa Caterina d'Alessandria.

61), Francesco Gonzaga (1562-65), Flavio Orsini (1569-73), Giovanni Evangelista Pallotta (1587-91). Sono da segnalare due particolarità: Niccolò Brancaccio (1377-78) fu creato cardinale dall'*antipapa* Clemente VII e Carlo Domenico del Carretto (1489-91) fu fatto cardinale nel 1505 da Giulio II. Bernardino Telesio (Cosenza 1509-1588), nipote di Antonio Telesio, che scrisse il dramma latino *Imber Aureus* o *Pioggia d'oro*, indirizzò verso la filosofia l'Accademia Parrasiana, caratterizzata dalla fioritura degli studi filologici e dalla cultura classica. Bernardino Telesio, iniziatore del «Naturalismo rinascimentale», si ribellò all'autorità di Aristotele, «il maestro di color che sanno», e trasferì la scienza nel suo vero dominio: l'osservazione e lo studio della natura «secondo i propri principi». Egli riconobbe, nell'opera *De rerum natura iuxta propria principia* (1568), che caldo e freddo sono i principi agenti, immanenti nella materia, e ricondusse la conoscenza umana a un insieme di sensazioni. Fu «il primo degli uomini nuovi», secondo il filosofo Francesco Bacone. Perseguitato dall'inquisizione, Telesio mantenne con fermezza la propria «lealtà» alla professione di fede cattolica e la soggezione al papato.

Concittadino di Bernardino Telesio fu Giovan Battista d'Amico (1511-1538), astronomo e filosofo, che pubblicò, non appagandosi di quel che aveva scritto Tolomeo, un'operetta, *De motibus corporum coelestium iuxta principia peripatetica sine eccentricis et epicyclis* (Venezia 1536), in cui si propose di unire filosofia naturale e geometria solida per spiegare i moti degli astri senza rinunciare al principio delle «sfere omocentriche» e senza usare eccentrici o epicicli, «cosa degna di maraviglia e tentata tante volte indarno dagli antichi astrologi» (Giovanni Paolo D'Aquino). Mentre il giovane di mirabile ingegno camminava per una strada di Padova, fu scippato e ucciso da sicario ignoto. Bernardino Telesio anticipò il pagamento degli scudi che D'Amico doveva restituire. Nella città di Cosenza, è stato inaugurato dal Sindaco Mario Occhiuto (6 aprile 2019) il *Planetario* dedicato a Gian Battista Amici, «il più tecnologico d'Italia, secondo solo a quello di Milano» (Armando Acri). È un'opera pubblica, che ha funzione didattica e di diffusione della conoscenza scientifica. La sala all'interno del Planetario è arredata con 113 poltrone (basculanti e roteanti) e con un proiettore ottico in grado di proiettare fino a 4000 stelle nella cupola interna che ha 15 metri di diametro. A breve distanza, il *Ponte di Calatrava,* intitolato a "San Francesco di Paola", rigenera il quartiere Gergeri e inneggia alla bellezza. Nel 1588 il convento dei Domenicani di Cosenza ricevette il filosofo Tommaso Campanella, autore della *Città del Sole*. Umanisti di un certo livello furono i fratelli Bernardino e Coriolano Martirano. Sertorio Quattromani (Cosenza 1541-1603) fu critico e storico di primo piano. Lasciò inedita una *Istoria della città di Cosenza* per dimostrare l'infondatezza delle calunnie rivolte ai Brettii «ribelli» e affermare che lo storico deve attenersi alla verità senza inventare o falsificare i fatti.[21] Cosenza fu governata da un'amministrazione (o reggimento) composta sia dal Sindaco dei Nobili Patrizi e dagli Eletti dei Nobili, sia dal Sindaco degli Onorati Cittadini e da quattro Eletti degli Onorati Cittadini. Cosenza per nobiltà e numero di nobili fu, dopo Napoli, la prima del regno. Bernardino Martirano menziona, in un sonetto, le nobili casate della città: Morelli, Migliarese, Martirano, Longhi, Rocchi, Matera, Quattromani, Telesio, Longobucco, Firrao, Sersale, Sambiase, Carolei, Tarsia, Marano, Sanfelice, Gaetani, Scaglione, Cavalcanti, Beccuti, Britti, Caselli. Alessandro Tassoni, di nobile famiglia, segnalò che Cosenza nel suo Sedile e nel suo aureo libro numerava 5 principi, 5 duchi, 8 marchesi e 8 baroni, tutti delle primarie famiglie del Regno di Napoli. Nel *Libro d'oro* della Nobiltà cosentina le famiglie no-

21 S. QUATTROMANI, *Scritti*, a cura di F. Walter Lupi, Centro Editoriale e Librario Unical, 1999.

bili erano raggruppate in tre categorie. La prima categoria comprendeva le famiglie che godevano il diritto di eleggere e d'essere elette alle cariche pubbliche. La seconda categoria era formata da famiglie aventi il diritto di occupare un incarico pubblico. La terza categoria comprendeva le famiglie degli onorati cittadini, che in tempi diversi avevano avuto importanti incarichi.[22] Angelo Rocca stese, nel 1584, una carta di Cosenza, in cui annotò: *Fa fuochi 2500 et fa per arma monti sette et sta come in una conca detta da S. F.sco di Paola conca d'oro per la ricchezza.* Una veduta d'insieme di Cosenza fu disegnata, nel 1595, da Giovanni Camerota per l'insediamento dei Gesuiti.[23]

Nel Seicento Cosenza cadde in una desolata condizione sociale ed economica. Potentissimo fu il terremoto del 1638, che fu considerato da Lucio D'Orsi, secondo la mentalità dell'epoca, «contrassegno evidentissimo della giusta ira di Dio». Il popolo di Cosenza insorse, il 14 luglio 1647, al grido di "Giustizia, giustizia", poiché i due Sindaci della città (uno dei Nobili e l'altro degli Onorati cittadini) non avevano reso pubblico il dispaccio del viceré Duca d'Arcos, che concedeva ai Cosentini varie franchigie «in fatto di balzelli e collette». A capo della rivolta si mise il capitano Giuseppe (o Peppe) Gervasi, il Masaniello della Calabria, giustiziato come traditore e sepolto nel giardino del convento di San Francesco di Paola.[24] Nel secolo XVII

22 La legge dell'8 agosto 1806 n. 132 abolì i Seggi, ch'erano stati un'odiosa istituzione privilegiata, causa di non lievi litigi tra la parte nobile e la parte popolare e borghese della città. La Carta costituzionale, entrata in vigore il 1° gennaio 1948, pone l'accento, sin dal primo articolo, sul lavoro come dignità e cardine della vita associata e non riconosce più i titoli nobiliari.

23 Una particolarissima veduta di Cosenza del secolo XVI è data dalla Carta conservata nella Biblioteca Angelica di Roma. Molto utili sono anche: Cosenza nell'incisione di Giovan Battista Pacichelli (1703) e la Città di Cosenza descritta da Francesco Cassiano de Silva nel 1708 (*Manoscritto* che si conserva alla Biblioteca nazionale di Vienna).

24 Una relazione inserita nel protocollo del notaio Costantino di Rovito,

si ebbe un notevole calo della popolazione, che passò da 2.388 fuochi del 1648 a 1.856 fuochi del 1669. Cittadino illustre di Cosenza fu Gaetano Argento, nato a Cosenza in via del Seggio, appellato da Angelo Zavarroni «fenice dei giureconsulti della sua età». A lui gli abitanti di Rose dedicarono nel 1922 un monumento in piazza, la cui epigrafe recita: *A Gaetano Argento/ filosofo giureconsulto insigne/ supremo ministro dell'Imperatore Carlo VI/ sostenitore dei diritti degli oppressi/ benefattore dell'umanità sofferente/ 28 dicembre 1661 - 31 maggio 1730.* Gaetano Argento, cittadino cosentino, fu ricevuto all'unanimità nel Sedile dei Nobili di Cosenza e prese, il 17 gennaio 1718, «corporale e pacifico possesso della carica di primo Eletto». Giacomo Casanova sostò a Cosenza, nel 1744, ospite dell'arcivescovo Francesco Antonio Cavalcanti, amico di Antonio Genovesi, filosofo ed economista del movimento riformatore partenopeo. Nelle sue *Memorie,* Casanova dichiarò: *Cosenza è una città dove una persona dabbene può divertirsi: ci sono uomini ricchi, nobili titolati, delle donne e persone non prive di cultura.*[25] Nel sisma del 1783, Cosenza rimase tutta lesionata, ma «senza mortalità», poiché la gente «stava guardinga». Elia Serrao Del Vescovo, nella monografia sui terremoti, edita a Napoli nel 1785, dichiarò che i calabresi non si lasciarono prendere dal pessimismo poiché sono «di animo forte e grande». Il cardinale Fabrizio Ruffo, a capo dei Sanfedisti, fece svanire gli entusiasmi libertari: la repubblica di Cosenza cadde, tra il 14 e 15 marzo 1799, e il cardinale fece ingresso vittorioso nella città. L'abate Francesco Saverio Salfi (Cosenza 1759 - Parigi 1832), autore del *Saggio di fenomeni antropologici relativi al tremuoto*, dell'*Elogio di Antonio Serra* e della *Histoire littéraire d'Italie,* inculcò nell'animo dei suoi Cosentini gli ideali di libertà repubblicana e l'utilità della

---

documenta invece che Peppe Gerbasi morì il 22 gennaio 1648 nel suo palazzo senza essersi confessato.

25 R. MUSÌ, *Casanova in Calabria*, Amantea, Grafiche Calabrie, 1999, p. 39.

storia. Nel 1844 i Cosentini si sollevarono contro i Borboni. I fratelli Attilio ed Emilio Bandiera, cessato il moto cosentino del XV Marzo, arrivarono in catene a Cosenza. Furono fucilati insieme con sette compagni nel Vallone di Rovito, dove col loro sangue arrossarono il torrente Rovito, che si mescola nel Crati presso le case di Cosenza dal lato orientale. Giuseppe Garibaldi emise da Cosenza il decreto (31 agosto 1860) per l'esercizio del pascolo e della semina nelle terre demaniali della Sila. Il monumento più importante di Cosenza è la cattedrale, consacrata il 30 gennaio 1222, rifatta in gran parte in forme barocche a partire dal 1748. Fu riconsacrata nel 1759.[26] A partire dall'ultimo decennio dell'Ottocento, in seguito alla bonifica delle vicine zone paludose, Cosenza cominciò a espandersi nella piana al di là del Busento, acquistando così una struttura *bivalente*.[27] L'assetto urbano di Cosenza appare distinto in due parti: il *centro storico* con il Castello sul colle Pancrazio e con il Duomo alla base; la *città moderna* con il Museo all'aperto Bilotti e con il Viale Giacomo Mancini, che si espande verso nord. G. Paolo Manfredini avvisa che i due agglomerati danno «l'inconfondibile identità della doppia città, come Ragusa-Ibla, Siracusa, Bergamo, Bari, Carcassonne, Nancy, Toulouse, Ginevra, che rimane riconoscibilissima anche in questa nostra epoca di globalizzazione e di nevrosi per l'attualità». Due sono le facce della città: una a Sud legata allo spopolamento e al degrado del centro storico, l'altra a nord, a valle, abbellita da costruzioni nuove e dai tesori d'arte del Museo all'aperto Bilotti o MAB.[28] Cosenza

---

26 Della facciata originale della cattedrale si conservano tre portali ad ogiva d'architettura cistercense, un rosone centrale, che subì un malaccorto restauro gotico (1831), e due rosoni più piccoli quadrilobati. L'interno è a tre navate, divise da pilastri rettangolari con capitelli. È situata sul corso Telesio, nel pieno centro storico.

27 G. LENA, *Cosenza e il suo territorio, problemi di geostoria nei secoli*, in Atti del I° Convegno storico Cosentino, settembre 1980.

28 Il Teatro Rendano e il Teatro dell'Acquario, il Conservatorio musica-

è una città colta, che vanta splendori di nuova grandezza, combattuta tra due identità, che cercano l'equilibrio nella concordia della classe politica e dirigente e nell'operosità dei suoi cittadini. Ha avuto un notevole calo demografico soprattutto a causa della denatalità e dell'emigrazione.[29] Dal Rapporto sull'ecosistema urbano 2020 dei Comuni capoluogo di Provincia, pubblicato dal Sole 24 Ore, emerge che Cosenza si colloca fra le migliori città italiane, unica del Sud, per la qualità della vita.[30] Il capoluogo bruzio si contraddistingue anche per la qualità dell'aria, dell'acqua, della gestione della mobilità locale, che prevede il completamento della Ciclopolitana con 30 Km. di pista. Questo significa, per il Sindaco Mario Occhiuto, «che ogni cosa può cambiare per il meglio, anche in Calabria. Non esistono città perfette e sempre belle e attrattive, ma esistono città che migliorano e città che peggiorano. E il nostro cammino di cambiamento non c'è dubbio che sia proiettato verso una città migliore, più vivibile, più ricca di opportunità, più solidale, più bella». Del resto, Cosenza, nella fase 2 della pandemia da Coronavirus, è fra le città italiane più attrezzate per la ripartenza. Ha perciò «uno sguardo lungo».

---

le, la Sezione Musica della Biblioteca Nazionale, il Museo Diocesano, il Palazzo Episcopale, la Villa Rendano, il Museo Multimediale "Consentia Itinera", la Bottega di tessitura del Maestro Caruso, le "Collezioni fotografiche Bilotti e Telesio di Cosenza nell'Ottocento", il Bar storico Renzelli, il Bar Telesio, la Bottega d'arte sacra di Trausi, il Museo del fumetto, che ospita anche l'Associazione onlus Masters of Comics, il Museo di Arte Moderna (BoCS Art Museum), sono contributi indispensabili all'attività turistica ed economica, alla fruibilità dei servizi, alla multifunzionalità rigenerativa del centro storico cosentino.

29 La popolazione residente, che nel 1971 superò 100 mila abitanti, s'è ridotta a 66.872 unità (dati statistici del 30 giugno 2019). Cosenza resta una delle città italiane con maggior numero di vani vuoti in rapporto al numero degli abitanti.

30 D. RUFFOLO, *Cosenza prima città del Sud Italia per la qualità della vita*, in «Parola di Vita», 12 novembre 2020, p. 14.

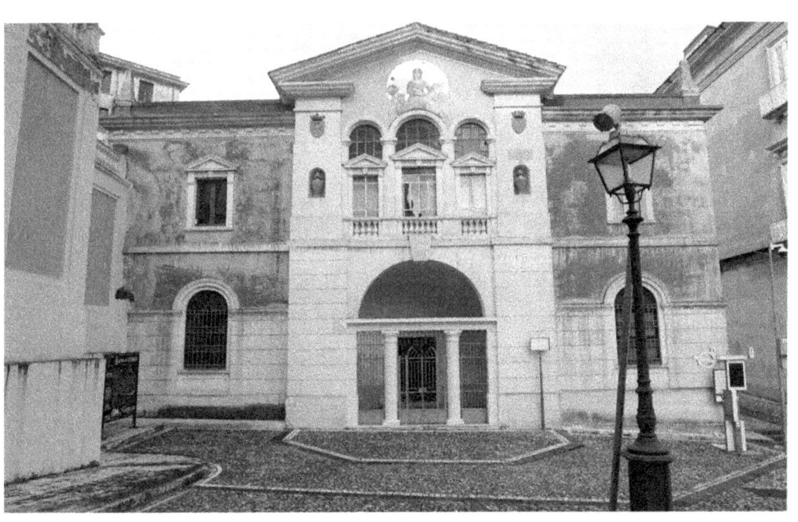

Accademia Cosentina

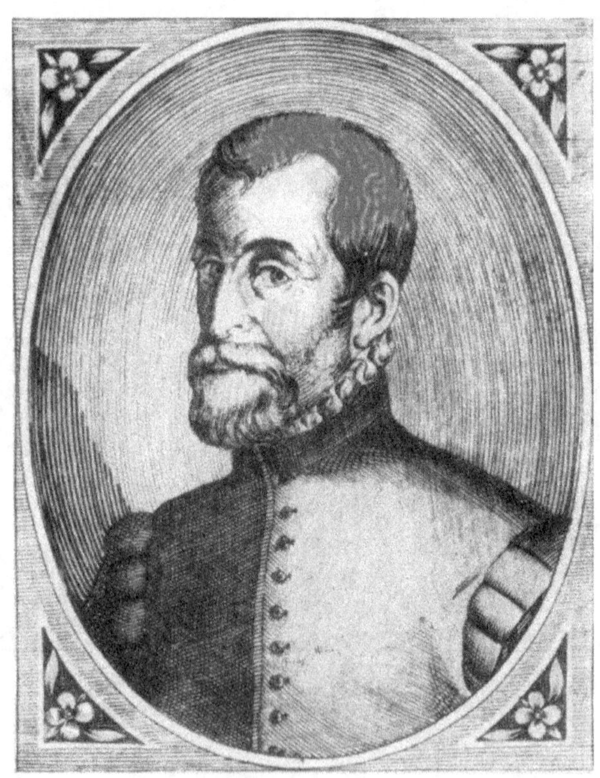

Bernardino Telesio

ALARICO E IL TESORO

Il popolo germanico dei Goti, noto a Plinio il Vecchio e a Cornelio Tacito, era considerato barbaro; ma il termine significava per i Greci «colui che non sa parlare né greco né latino» e, in senso traslato, «forestiero». Per i Romani dell'impero *barbarus* era il popolo germanico, il più bellicoso della storia. I Goti salirono a tale rinomanza che nelle invenzioni dei poeti furono fatti discendere da Marte, appellato da Virgilio Marone il *padre che precede nelle battaglie e custodisce i campi dei Geti*. Per secoli, i Goti resero al dio della guerra «un culto sanguinoso».[31] Gli storici moderni preferiscono parlare di grandi migrazioni di popoli piuttosto che di invasioni barbariche. Sviluppo iniquo, fame e guerre sono le cause principali dei nuovi cammini, degli sbarchi, delle nuove morti. Aureliano spinse i Goti oltre il Danubio e li stanziò sulla riva sinistra come coloni.

I Goti erano tutt'altro che *selvaggi*: forse quest'immagine nacque prevalentemente come reazione alla loro adesione al cristianesimo ariano, che fu dichiarato eretico dalla Chiesa cattolica, poiché esso negava la natura divina di Gesù Cristo figlio di Dio.[32] A narrarci l'epopea dei Goti fu Jordanes nella *Storia dei Geti*, composta verso il 551-552, ossia un compendio della *Historia Gothica* di Cassiodoro, fattagli consultare per tre giorni interi (*ad triduanam lectionem*), ora perduta. Jordanes non trascurò altre fonti: *ut*

31 JORDANES, *Storia dei Goti*, a cura di Elio Bartolini, Testo latino a fronte, Milano, TEA, 1991, p. 19.

32 G. PATTON - R. MACKNESS, *L'enigma dei Templari*, Roma, Compton, 2005, p. 26.

refert Orosius, ut Priscus historicus refert, Dexippo historico referente. Da Dione, «uno dei più attivi ricercatori dei fatti dell'antichità», apprese che i Goti «furono i più istruiti fra tutti i barbari, tanto da eguagliare quasi i Greci».

Nel 378, i Visigoti si spinsero verso ovest, oltre il Danubio, che segnava il confine dell'impero. I Romani li considerarono degli invasori, ma a guardarli senza pregiudizio erano solo profughi in cerca di terre sicure.

Alarico il Balta, nato a Perice nel 370, villaggio dell'area paludosa del delta del Danubio, che oggi appartiene al territorio rumeno, aspirava al comando delle legioni imperiali e a dare un insediamento stabile alla sua gente. Volse dapprima le sue mire all'impero d'Oriente e poi all'Italia approfittando della debolezza dell'impero d'Occidente. Non era un esercito a marciare ma un'intera popolazione. Stilicone, generale romano di origine vandala, che aveva fatto arrivare le truppe dal Reno e dalla Britannia,[33] vinse Alarico due volte, a *Pollentia* (402) e a *Verona* (403), e lo costrinse a rientrare nella regione balcanica. Stilicone mise la questione dei barbari al centro della sua iniziativa, ma alla fine ne fu travolto. Accusato da Olimpio di cospirare, insieme con Alarico, contro l'imperatore, per mettere sul trono imperiale il figlio Eucherio, fu arrestato a tradimento e ucciso per ordine di Onorio (Verona, 23 agosto 408). I soldati germanici che erano stati ai suoi ordini passarono dalla parte di Alarico. Furono i Visigoti, perciò, a vendicare la morte di Stilicone. Alarico, privo dei contatti con Stilicone, si ripresentò con le sue truppe in Italia e, nel mese di settembre 408, assediò Roma. In cambio di una somma molto elevata accettò di togliere l'assedio, ma Roma fu costretta «a spogliare le sue statue, a strappare alle chiese e ai templi i loro tesori e a fondere un'infinità di opere d'arte».[34]

33 M. GRANT, *Gli imperatori romani. Storia e segreti*, Roma, New Compton, 2004, p. 363.

34 J. J. NORWICH, *Bisanzio. La seconda Roma*, Milano, Newton Compton Editori, 2006, p. 50.

Nel 409, Alarico non avendo raggiunto l'accordo con Onorio, suscitò a Roma un usurpatore, Attalo. Urtatosi con lui, Alarico prese d'assalto Roma (24 agosto 410), che sebbene privata del ruolo di capitale rappresentava pur sempre il centro ideale dell'impero e della cristianità. La città fu sottoposta al saccheggio tre giorni. Henri Pirenne ha scritto che i Goti *si accontentarono di arraffare gli ornamenti d'oro e di metallo prezioso che vedevano luccicare sul foro romano e sui frontoni dei monumenti pubblici. Non volevano male alla città, e non maltrattarono la popolazione. Quello che cercavano erano le terre.*[35] Roma capitolò per fame ma non fu distrutta da Alarico. Il papa Innocenzo I, che si trovava a Ravenna, non vide, come il giusto Loth sottratto a Sodoma, l'eccidio del popolo peccatore.

Paolo Orosio scrisse, nelle *Storie contro i pagani,* che il saccheggio era stato permesso da Dio per correggere la città diventata superba, dissoluta, blasfema. La conquista di Roma fu avvertita come evento epocale. S. Agostino rispondeva ai pagani che la conquista di Roma non era una vendetta degli dei traditi dai cristiani perché il saccheggio rientrava nella storia dell'umana salvezza. Zosimo dichiarò che Alarico pretendeva da Roma «tutto l'oro e l'argento della città e inoltre tutte le suppellettili che trovasse e gli schiavi barbari».[36] Fra le altre cose per pagare Alarico in Roma, si ricavò l'oro dalla fusione della statua di *Virtus.* Dopo ciò - dice Zosimo - perirono sia il valore che l'onore. Alarico non potendo aspirare perché «barbaro» a indossare la toga imperiale, dopo tre giorni uscì da Roma con il bottino, comprendente molto oro ma poco grano. Nel bottino c'era il tesoro di Salomone con il candelabro d'oro a sette bracci (ebr. *menorah*) conquistato da Tito Flavio Vespasiano a Gerusalemme (70 d. C). Nell'arco

35 H. PIRENNE, *Storia d'Europa dalle invasioni al XVI secolo,* Roma, Newton Compton, 1991, p. 26.

36 ZOSIMO, *Storia nuova,* a cura di F. Conca, Milano, Rusconi, 1977, p. 305.

trionfale di Tito a Roma sono celebrati i saccheggi romani a Gerusalemme. Seguito da una marea di barbari, Alarico si spinse verso il Meridione d'Italia con l'intento di affrontare Eracliano, *comes Africae*, e raggiungere l'Africa. Fra gli *ostaggi* c'erano Galla Placidia, figlia di Teodosio il Grande e sorella di Onorio, ed Ezio, figlio di Gaudenzio *magister equitum*. Passando per la Campania, Alarico prese Capua e Nola e desolando con strage Eboli (*Eburum*) si volse verso la Lucania e il Bruzio.[37] Devastò molti luoghi e si fermò a Reggio per prepararsi a passare in Sicilia. Rufino Tirannio di Aquileia dichiarò: *Davanti ai nostri occhi i barbari bruciarono Reggio. Lo stretto braccio di mare che separa l'Italia dalla Sicilia fu la nostra unica protezione.* Alarico guardava all'Africa e alla conquista di Ravenna, che non poteva prendere con l'assedio a causa delle paludi né scavando in esse delle trincee. Il suo piano era di riversare tutte le truppe gote in Africa in modo da schiacciare i Romani e prendere l'impero d'Occidente facendo venire a mancare all'Italia il grano fornito dalle regioni africane.

Nell'attraversare il tempestoso stretto di Messina, molte navi naufragarono e altre, in numero maggiore, furono disperse.[38] Anche Spartaco non era riuscito ad attraversare lo stretto di Messina. Tornato indietro, Alarico *morì improvvisamente* a Cosenza come assicurò Paolo Orosio. Il *raptor urbis* riposa a Cosenza, indisturbato e cullato dallo scorrere dell'acqua del fiume Busento sul suo capo. Jordanes, nella *Getica*, composta verso il 551-552, racconta la morte del re goto a Cosenza: *E mentre Alarico, respinto da questo rovescio, deliberava tra sé sul da farsi, una morte immatura lo tolse da questo mondo. Piangendo colui che tanto avevano amato, i Goti deviarono il corso del Basento, un fiume che, scaturendo dalle falde d'un vicino monte e bagnandola delle sue*

---

37 E. LAVISSE-A. RAMBAUD, *Histoire général du IV siècle à nos jours*, t. 3°, Paris, Colin, 1894, pp. 64-65.

38 N. ZAPPALÀ, *Reggio Calabria e dintorni.*, Reggio Calabria, Laruffa Ed., 2011, p. 153.

acque salutari, scorre nelle vicinanze di Cosenza. Nel mezzo del suo letto fanno scavare una fossa da una schiera di prigionieri. Vi seppelliscono Alarico con molti beni (cum multis opibus) e riconducono le acque a scorrere nel loro alveo. E perché il luogo rimanesse per sempre ignoto, massacrarono tutti coloro che lo avevano affossato.[39] Jordanes tramanda l'usanza di nascondere i tesori nel letto del fiume praticata da Decebalo (fine del sec. I e inizio del II), morto suicida.[40]

Olimpiodoro bizantino, autore contemporaneo di una *Storia dal 407 al 425*, dedicata a Teodosio II, figlio di Arcadio, imperatore romano d'Oriente, narra nei particolari le nozze avvenute a Narbona, nel 414, tra Galla Placidia e dal succesore di Alarico, Ataulfo, che regalò alla sposa cento vassoi colmi di oro e pietre preziose «d'inestimabile valore», frutto del sacco di Roma. Olimpiodoro attesta: *Lì (a Narbona) Placidia venne sistemata in una stanza nuziale addobbata alla moda romana e con gli ornamenti imperiali. Ataulfo sedette accanto a lei indossando un mantello e altri vestiti di tipo romano. Fra gli altri doni nuziali Ataulfo presentò anche cinquanta bei giovani vestiti di seta: ognuno recava in mano due grandi piatti, uno pieno d'oro, l'altro di pietre preziose o, per meglio dire, senza prezzo. Erano il frutto delle ruberie dei Goti a Roma dopo la conquista della città. Vennero cantati quindi anche gli epitalami: cominciò Attalo.*[41] L'opera di Mimmo Pa-

---

39 JORDANES, *Storia dei Goti*, cit., p. 73.

40 M. - R. BORRETTI, *Alarico e Cosenza. Storia - mito - leggenda*, Cosenza, Asemit, 2016, p. 59. Il passo latino afferma: *Allora Decebalo, per paura dei tempi presenti, deviato il fiume ad opera dei prigionieri, e scavata la terra, aveva seppellito i tesori insieme con un prezioso corredo di vasi: quindi riempita la fossa con cumuli di sassi, fece ritornare il fiume (nel suo letto). E tutto quello che poteva essere distrutto dalle acque e dal bagnato, era stato nascosto nelle grotte. Poi i prigionieri, secondo la loro usanza, furono tutti uccisi affinché non rivelassero i luoghi.*

41 OLIMPIODORO, *Frammenti storici*, frammento 24, a cura di R. Maisano, Napoli, D'Auria, 1979, p. 43. Onorio tuttavia non fece pervenire il proprio consenso e Ataulfo, cacciato da Costanzo in Spagna, fu assassinato (415). Gli successe Sigerico. Il re visigoto Wallia, fratello di Ataulfo, liberò

ladino, *Elmo dei Bruzi*, scultura in bronzo posta davanti al municipio di Cosenza su una vasca piena d'acqua, rievoca la sepoltura di Alarico nel fiume Busento.

Come morì Alarico I il Balta? Trafitto da un'arma micidiale, colpito da malaria o fu avvelenato? Horace Rilliet imputò a *febbre* malarica «la funesta sorte di Alarico».[42] Il narratore francese Marcel Brion vide nel decesso di Alarico «una vendetta degli dei che proteggevano Roma, un avvertimento del destino».[43] Alessandro Dumas, nel suo viaggio in Calabria, derideva la *febbre* dell'oro che colpiva i cosentini: *La sola cosa prodotta dagli scavi è stato un piccolo cervo d'oro, ritrovato alla fine dell'ultimo secolo.*[44] Coriolano Martirano, in *Accadde a Cosenza*, scriveva che la bella Galla Placidia «potrebbe avere, in una notte di luna, teso un agguato ad Alarico».[45] L'ipotesi della morte di Alarico per *avvelenamento* fu espressa da Giovanni Emmanuele Bideri nella tragedia in versi, *Alarico primo re de' Visigoti*, ambientata a Cosenza. Galla Placidia, presunta autrice del misfatto, esclama: *Da questi / Insanguinati luoghi ormai fuggiamo! Così fuggir dai miei rimorsi io possa!...* Radagasio soggiunge:

Di funebre pietà scarsa la spoglia
Non sia di un tanto eroe. Delle ricchezze,
Che a Roma tolse, e de' guerreschi arredi
Pomposamente ornata, al nuovo giorno
Sepolta sia laddove il Crati mette
Foce al Basento. Un dì l'età future

Galla Placidia versando un forte riscatto di granaglie.

42 H. RILLIET, *Colonna mobile in Calabria*, Soveria Mannelli, Rubbettino, 2008, p. 136.

43 M. BRION, *Vita di Alarico*, Traduzione di L. Labrosciano, Presentazione di Angela Costanzo e Postfazione di F. A. Alimena, Cosenza, Edizioni Orizzonti Meridionali, 2010, p. 167.

44 A. DUMAS, *Viaggio in Calabria*, Introduzione di A. Coltellaro, Soveria Mannelli, Rubbettino, 1996, pp. 121-122.

45 C. MARTIRANO, *Accadde a Cosenza*, Cosenza, Klipper, 2007, p. 18.

Diran: qui giace il vincitor del mondo!
Ma l'onde sol ricoprano le colpe,
Non la sua gloria e la virtù guerriera.[46]

La tesi più accreditata è di Herman Schereiber, storico viennese, secondo cui Alarico morì a Cosenza sfibrato da una *vita durissima*, che per i Goti durava in media 40 anni. Alarico spirò, non a caso, all'età di quarant'anni. Ma come avvisò Olipiodoro di Tebe Alarico s'era «ammalato» prima di arrivare a Cosenza.[47]

Jules Destrée, che viaggiava in Calabria, scrisse che si scavò il letto del Busento nel 1744 e nel 1860, «senza risultato». Alla vana ricerca della tomba e del tesoro di Alarico si misero anche Amélie Crévolin, rabdomante marsigliese, e il nazista Heinrich Himmler, accompagnato dal dottor Dollman. Edward Lutwak, d'origine rumena e stratega militare, ha pensato di trovare a Cosenza la *menorah*, che si trovava nel tesoro di Alarico, con l'impiego di nuove tecnologie (il georadar e il drone che dall'alto perlustra le cavità del terreno). Si dovrebbe piuttosto cercare in Francia, a Narbonne, nella regione dell'Aude, dove il regno di Tolosa fondato nel 412 da Ataulfo, che ereditò *gran parte* del tesoro, durò ben 3 secoli e 34 generazioni di sovrani. Quali altre notizie si hanno del tesoro? Procopio di Cesarea dichiarò che i Franchi erano a conoscenza di quel tesoro, che in seguito fu portato a Carcassonne, e da qui di fronte alla minaccia di un attacco fu trasportato nell'antica

46 G. E. BIDERI, *Alarico primo re de' Visigoti*, Napoli, Cataneo, 1854, p. 36.

47 In carenza di testi scritti, Schereiber (morto nel 2014) ha studiato le tombe dei Goti ed ha trovato attrezzi di lavoro in tombe femminili, che fanno capire quanto fossero pesanti i compiti delle donne e fanno riflettere sulla durissima esistenza dei Goti. Dalle tombe gote Schereiber ricavò l'andamento demografico del mondo gotico: «Su tre figli di una famiglia, di norma solo due arrivavano ai 18 anni; in zone più inospitali addirittura solo uno. La vita di chi diventava adulto, poi, durava in media 40 anni».

Rhedae (Rennes-le-Château), ultima roccaforte dei Visigoti, e nascosto *in più posti* nelle vicinanze. Ed è nell'alta valle dell'Aude che il tesoro sembra essere rimasto indisturbato, perché gli scavi archeologici furono energicamente ostacolati dalle autorità locali.[48] È da notare che la sfarzosa sepoltura di Childerico I, re dei Franchi Sali, morto nel 481, fu ritrovata nella città belga di Tournai nel 1653. Essa conteneva un ricco tesoro composto di armi, gioielli, anello sigillare, monete d'oro con l'effigie dell'imperatore d'Oriente Zenone e 80 chili d'oro.[49] Il feroce distruttore della tradizione romano-cristiana fu Attila, che morì nel 453. Il suo cadavere, ha scritto Giuseppe Roma, fu chiuso in tre bare, la prima d'oro, la seconda d'argento, la terza di ferro, e fu seppellito con il suo *corredo funerario* (trofei d'armi, gemme, collane, ornamenti di casa). Gli scavatori furono uccisi perché non rivelassero il luogo di sepoltura. È evidente l'analogia con il seppellimento di Alarico.[50] Era l'usanza dell'epoca, non un topos; un modo dei barbari di seppellire i morti, non la ripetizione di una leggenda metropolitana.[51] Nino Gorio scrive che Alarico «gode fama immeritata: infatti con lui l'Italia conobbe solo il peggio dei Goti».[52] Tutto ciò non impedisce la legittima ricerca fatta dall'amministrazione comunale di Cosenza della tomba

48 Jean Michel Servant mi scrive, nel giornale *Midi Libre* (12 aprile 2015), che il tesoro di Alarico è uno dei 60 tesori *francesi* che restano «ancora di scoprire».

49 Del tesoro di Childerico I s'interessò Napoleone Bonaparte, che rimase affascinato dalle api d'oro che gli dissero di appartenere al mantello reale. Si è scoperto che quegli ornamenti appartenevano ai finimenti del cavallo che fu interrato con Childerico I.

50 Si dice che il Papa Leone I Magno salvò Roma da sicura distruzione ricordando ad Attila, «flagello di Dio», la sorte toccata ad Alarico dopo il saccheggio di Roma.

51 Furugard lesse a Londra nel manoscritto di Jordanes che Alarico fu seppellito *Pede montis* (con la P maiuscola) e ne dedusse che Piedimonte è idronimo, un affluente del Busento, che bagna Domanico.

52 N. GORIO, *Un posto al sole*, in «Focus Storia», Estate 2015, p. 89.

di Alarico,[53] che rappresenta un'occasione storico-archeologica e una leva di promozione turistica, che giova all'economia locale e rende sempre più attrattiva la città dal punto di vista culturale, storico, economico, artistico.[54] La morte di Alarico, pianto dai Goti, fu cantata in versi da August von Platen-Allermunde. La ballata fu tradotta da Giosuè Carducci dal tedesco:

Cupi a notte canti suonano
Da Cosenza sul Busento,
Cupo il fiume gli rimormora
Dal suo gorgo sonnolento.

Su e giù pel fiume passano
E ripassano ombre lente:
Alarico i Goti piangono
Il gran morto di lor gente.

Ahi sì presto e da la patria
Così lungi avrà riposo,
Mentre ancor bionda per gli omeri
Va la chioma al poderoso!

Dal Busento ecco si schierano
Su le sponde i Goti a pruova,
E dal corso usato il piegano
Dischiudendo una via nuova.

---

53 V. VECCHIONE, *Dove sono la tomba e il tesoro del 1° re dei Goti Alarico?*, Presentazioni di F. SAVASTANO e di V. NAPOLILLO, Cosenza, Edizione Vecchione Maius, 1989. Il volume è pubblicato in cinque lingue. Belle e artistiche sono le illustrazioni del rinomato fotografo. Grande valore artistico ha il ritratto di Alarico eseguito dal pittore Diego Minuti.
54 V. NAPOLILLO, *Alarico re dei Visigoti: storia e tragedia*, Cosenza, Doxa Editrice, 2017, pp. 29. Turismo e ambiente sono le maggiori opportunità d'impiego e di creare impresa e occupazione giovanile.

Dove l'onde pria muggivano,
Cavan, cavano la terra;
E profondo il corpo calano,
A cavallo, armato in guerra.

Lui di terra anche ricoprono
E gli arnesi d'or lucenti;
De l'eroe crescan su l'umida
Fossa l'erbe dei torrenti!

Poi, ridotto ai noti tramiti,
Il Busento lasciò l'onde
Per l'antico letto valide
Spumeggiar tra le due sponde.

Cantò allora un coro d'uomini:
- Dormi, o re, nella tua gloria!
Man romano mai non violi
La tua tomba e la memoria!

Cantò, e lungo il canto udivasi
Per le schiere gote errare:
- Recal tu, Busento rapido,
Recal tu da mare a mare.

Domenico Milelli (Catanzaro 1841-Palermo 1905) fu il poeta scapigliato, che visse alla giornata e finì i suoi giorni in povertà. Sposò una cosentina della famiglia Misasi, più giovane di lui. Fu conferenziere, dicitore dei propri versi, professore di letteratura (che spesso litigava coi colleghi e col preside o si faceva imprestare denaro dagli alunni e dai bidelli). Nei suoi vagabondaggi, si spinse a Milano, dove incontrò Igino Ugo Tarchetti, che insofferente della disciplina abbandonò la carriera militare e si dedicò all'attività letteraria e al giornalismo, affermandosi come uno degli esponenti più caratteristici della Scapigliatura lombarda. Le sue diverse liriche furono pubblicate postume proprio da Domenico Milelli nel libro «Disjecta». A Bologna Milelli strinse amicizia con Giosue Carducci e seguì le tracce del poeta satanico (che vagheggiava il desiderio della bellezza antica) e l'apertura alla poesia europea, soprattutto di Charles Baudelaire e del tedesco Heinrich Heine. Poi si verificò l'insanabile rottura con Carducci, vate della nuova Italia, che nelle sue poesie faceva rivivere non soltanto le epiche gesta risorgimentali ma anche i motivi più umani e di colloquialità più cordiale. Ridottosi sul lastrico (gli fu affidato un incarico al Museo affinché non potesse vendersi le pietre), Milelli chiese soccorso economico anche a Carducci, il quale partecipò alla colletta, accompagnando la sua offerta di denaro con le seguenti parole: «Non per Milelli, ma per i figli indegni di cotanto padre». Milelli gli rispose per le rime: «Vile, or tu gridi a chi nel pianto / passa la vita e non si affida / al tuo sistema di mutar bandiera». Domenico Milelli, competitore di Carducci, continuò a vivere nella sregolatezza e, però, nel componimento *Sul Busento*, dedicato a Niccolò Tommaseo e ai «giovani amici di Cosenza», cantò bellamente la storia di Alarico in strofe che esprimono un temperamento artistico e un senso di angoscia di fronte alla morte:

Alta è la notte: splende la luna,
Mormora e tremola l'acqua fuggente;
Sfidando l'ora della fortuna
Cantano i Goti superbamente.
Nella tua gloria posa,
Dormi nell'onda fonda;
Dormi, che dissacrar d'alcun Romano
Il tuo sepolcro non potrà la mano;
Posa tranquillo, o forte,
Nel freddo letto della fredda morte!

Così cantaro, e ancor suona quel carme
Fra l'esercito goto urlo dell'arme...
Ma le nebbie a fugar si leva il vento,
E sul capo del re pesa il Busento...

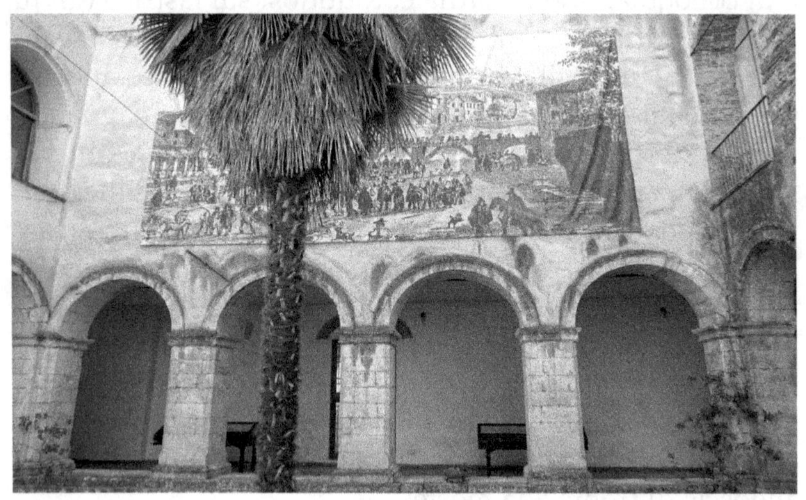

Biblioteca Civica

MANFREDI E L'ARCIVESCOVO DI COSENZA

La storia di Manfredi di Svevia, nipote dell'imperatrice Costanza d'Altavilla, nei rilievi d'una vita tragica e però redenta si fa alta poesia nel canto III del Purgatorio dantesco:

Io mi volsi a lui e guardail fiso:
biondo era e bello e di gentile aspetto,
ma l'un de' cigli un colpo avea diviso (...).

Se 'l pastor di Cosenza, che a la caccia
di me fu messo per Clemente allora,
avesse in Dio ben letta questa faccia,

l'ossa del corpo mio sarieno ancora
in co del ponte presso a Benevento,
sotto la guardia de la grave mora.

Or le bagna la pioggia e move il vento
di fuor dal regno, quasi lungo il Verde,
dov'ei le trasmutò a lume spento.

Dante riabilita poeticamente Manfredi, regale e cavalleresco, credendo che s'era convertito nell'estremo istante della vita, malgrado fosse stato scomunicato da tre papi. Deposto dal trono da Urbano IV, Manfredi rivendicò in un *Manifesto* ai Romani l'eredità dell'imperatore Federico II, suo padre, e si accinse a difendere i confini del Regno. Tradito dai baroni, soprattutto dal suo cognato conte di Caserta, e colpito da due ferite mortali, Manfredi incontrò la morte *in co del ponte presso a Benevento* (26 febbraio 1266). Aveva appena 34 anni d'età.

La tradizione, riferita dai cronisti Giovanni Villani e Saba Malaspina con qualche dubbio ma bene accolta da Dante, riporta che il corpo di Manfredi, re di Sicilia, duca di Puglia e principe di Capua, vinto con i suoi squadroni nella valle ai piedi di Benevento da Carlo I D'Angiò, fu dissotterrato, accompagnato con i ceri capovolti e spenti, e disperso lungo il fiume Verde o Liri (dalla voce latina *viridis*), in balìa della corrente e delle intemperie. Jacopo d'Aqui raccontò, nell'*Imago mundi*, che Manfredi si era pentito dei suoi peccati avendo esclamato in punto di morte: «Dio, sii propizio a me peccatore!» (*Deus propitius esto mihi peccatori!*). Questo fatto era stato assicurato dalle parole uscite dalla bocca d'un ossesso. In verità, la Chiesa non lo perdonò neppure da morto. Bartolomeo Pignatelli, arcivescovo di Cosenza (1254-1266), fu l'autore d'un atto raccapricciante, inumano. In un manoscritto del secolo XVIII si legge: *In questo tempo venne in Benevento il vescovo di Cosenza e trovò il corpo di re Manfredi, che stava atterrato a piè del Ponte di Benevento, e subito fece ordinare che fosse levato da detto loco, perché era scomunicato, e perché il predetto loco era terreno di Benevento, ed era terra della Chiesa, e così fu dissotterrato e mandato a sotterrare fra li confini del Regno.* Il *Pastor di Cosenza,* cioè l'arcivescovo Pignatelli, messosi alla *caccia* impietosa delle spoglie di Manfredi, eseguì il suo mandato con l'accanimento d'una fiera. Fece dissotterrare la salma di Manfredi e la trasportò fuori del territorio del Regno, che Manfredi aveva ritenuto suo e che la Chiesa rivendicava per sé sostenendo che era stato da lui usurpato. Egli intendeva inoltre evitare che la sepoltura di Manfredi potesse diventare un centro spirituale e luogo di raccolta dei ribelli del partito ghibellino. Nel Purgatorio dantesco nessun astio si avverte nella polemica di Manfredi contro l'arcivescovo di Cosenza, ma soltanto il rammarico di non avergli concesso il riposo eterno in un luogo consacrato. Secondo Dante, Manfredi, padre della bella e buona Costanza, genitrice *de l'onor di Cicilia e d'Aragona,* è fra gli scomunicati redenti, nell'Antipurgatorio (balzo I, gruppo I°), a scontare la lentezza del suo pentimento. Con Manfredi e Corradino rovinò la casa di Svevia: *Evanuit posteritas Friderici, et peruit irreparabiliter domus eius.* I Guelfi tramandarono che l'albero svevo non ebbe più germogli né fiori, e più non produsse frutti a maturità, poiché si avverò il vaticinio dell'abate Gioacchino da Fiore «di spirito profetico dotato»: «Poi salirà su un altissimo trono e oscurerà il luminosissimo sole e per mezzo del giglio (francese) e della croce (pontificia) sarà messa a in croce l'aquila (sveva): *Post ascendet ad altissimum solium,/ qui solem clarissimum obfuscabit,/ et cum lilio et cruce Aquilam cruciabit.*

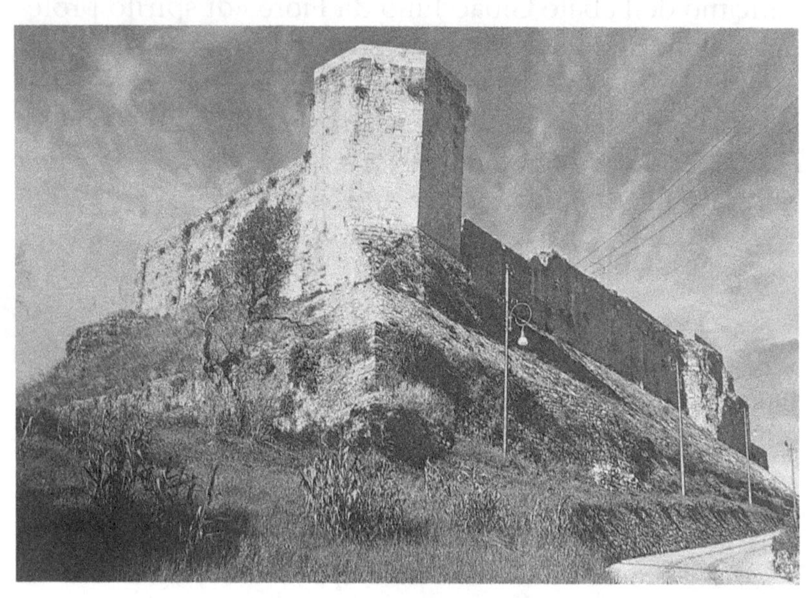

Castello con torre ottagonale

IL CASTELLO

Il castello non è un testimone muto, ma protagonista e narratore di vicende del passato e della vita collettiva che agisce nel presente. Echi di eventi castellani, di guerre e insidie, di corsari feroci, di giornate infernali e luminose, di cortei e giostre cavalleresche, di balli a corte, di rivolte popolari, di sottili disegni politici e di tenzoni s'intrecciano strettamente con la storia politica, sociale ed economica di Cosenza. È una storia che va conosciuta, ma non travisata. L'abate Jean Claude Richard de Sanit-Non annotò nella sua sosta a Cosenza: «*Questa capitale della Calabria Citeriore, fondata dagli schiavi fuggitivi della Lucania, presa da essi, poi oltre a questi dai Bruzi, sottomessa da Annibale, e in seguito devastata dai romani, vide morire davanti le sue mura Alarico, il vincitore di questi vincitori (...). I Goti e i Saraceni vennero poi. Conquistatori barbari, che passavano come torrenti, furono rimpiazzati dai Normanni che, più crudeli di tutti gli altri, fecero cadere questo bel luogo sotto il giogo di leggi feudali e dell'anarchia*».[55] Vincenzo Maria Egidi constatava che sul castello di Cosenza «molto si è favoleggiato». Bernardino Bombini, nei *Commentaria Brutiorum Antiquitatum*, che gli costarono 12 anni di lavoro, come si apprende dalla prefazione ai *Consilia*, discorre a lungo di Cosenza, Metropoli dei Brettii: *Nei tempi antichi, tale fu la città di Cosenza sull'altura, sopra i fiumi Grati e Busento, che ora è chiamata Motta o Abbazia, sulla quale sorse anche il castello con la sua macchina di guerra e, nei tempi moderni, c'è, presso il Crati e*

55 J. C. R. de SAINT-NON, *Viaggio pittoresco*, Soveria Mannelli, Rubbet--tino, 2009, pp. 96-97.

il Busento, un giusto numero di negozi, parte nel piano e parte nella sommità, verso oriente. La stessa città possiede belle caratteristiche, in cui persistono parecchi palazzi, circondata da sette colli apricissimi, dai quali prese la sua preclarissima arma e sui quali si vede, vicino alla mia casa, Tempe Cosentina, che da noi è chiamata Torre vecchia. Il cosentino Antonio Telesio cantò elegantemente la sua amenità e quella dei monti.[56] Si apprende perciò che la Torre vecchia era stata edificata sulla *timpa,* cioè su una elevazione del terreno roccioso, per avere una prima difesa naturale. Nell'alto Medioevo, il colle di Cosenza fu coronato dalla *Rocca Brettia,* distrutta, nel 542, dal re degli Ostrogoti Totila (che vuol significare *immortale*). Paolo Diacono, preziosa fonte con quella di Erchemperto, enumera Cosenza fra le maggiori città della provincia di Lucania e Brittia. Egli definì Grimoaldo I, duca di Benevento, *saggio e valoroso,* poiché respinse l'attacco dei Bizantini e dei Franchi e riunì sotto il proprio dominio parecchi Stati, ai quali fu riconosciuto il nome di *Longobardia minore.* Nell'anno 662, Costante II, imperatore d'Oriente, decise di lasciare Costantinopoli per stabilire in Occidente la nuova capitale dell'impero. Sbarcato a Taranto, proseguì alla volta di Benevento e di altre città. Nel 663 la città di Cosenza fu aggregata al dominio del duca Grimoaldo primo. Nel 666, era *certamente bizantina,* come precisava Filippo Burgarella.[57] Nelle diatyposi di tutte le chiese bizantine sottoposte a Costantinopoli, o nei cataloghi compilati da Giorgio Ciprio (739) e da Leone VI il Saggio (889), Cosenza

56 B. BOMBINI, *Commentaria Brutiorum Antiquitatum*, MS fol. 9. La pubblicazione e la traduzione in italiano si devono a Domenico Puntillo e Cinzia Citraro, per l'edizione Prometeo di Castrovillari, 2015.

57 F. BURGARELLA, *Le terre bizantine (Calabria, Basilicata e Puglia)*, in *Storia del Mezzogiorno*, diretta da G. Galasso e R. Romeo, II, 2, Napoli 1989, p. pp. 415-417. Costante fu ucciso (15 luglio 668) in una congiura, mentre faceva il bagno. Un certo Andrea gli versò addosso dell'acqua bollente. Il *tesoro* di Costante II fu rapinato dai Musulmani.

è denominata *Costantia.*[58]

Nell'849 il ducato beneventano fu diviso nei due principati: di Benevento e Salerno. Il castaldato di Cosenza fu assegnato al principato di Salerno. Nel periodo longobardo, la fortezza di Cosenza era di legno e poteva facilmente essere data alle fiamme dai nemici. I cronisti arabi Ebn-Khaldoun e Nowair raccontano i guasti e la desolazione che Cosenza ebbe a soffrire dai Saraceni, che la dominarono per diversi anni. Cosenza, nel 902, fu la tomba dell'emiro Ibrahim II Abu Ibhaq, che profanò la chiesa di San Pancrazio, di cui si ha memoria nel *Chronicon Barense,* trasformandola nella propria dimora. Mentre Ibraim assediava Cosenza, gli ambasciatori dei principi longobardi di Capua e di Salerno si presentarono al campo degli Arabi, per proporre al re agablita un'alleanza contro i Greci di Puglia; ma Ibraim rifiutò di ascoltarli. Cosenza si difendeva sempre, e già stava capitolando, quando il cielo ebbe pietà dei suoi concittadini. La *Cronaca* d'Arnolfo e quella di Bari riportano che Ibraim, avendo invaso la Calabria, fu folgorato davanti alla città di Cosenza: *percussus ictu fulgoris.* Gli autori arabi aggiungono che Ibraim quando arrivò sotto le mura di Cosenza, soffriva da qualche tempo di visceri e morì dopo una crudele agonia. I Greci ripresero tutti i luoghi che avevano perduto in Calabria, eccetto Cosenza, di cui s'impadronì l'emiro Abstaele, dopo la ritirata degli Africani. Abstaele riuscì a formarsi un piccolo Stato in mezzo ai possedimenti greci. L'emiro Oldbeck, che lo rimpiazzò, tolse ai Greci le città di Bisignano e di Cosenza. Oldbeck fu vinto nel 920, dai cristiani confederati, che poi si resero padroni di Bisignano, Cosenza, Catanzaro, Squillace. El-Hassan-ben Ali-el Kelbi, su ordine di El-Moez, passò dalla Sicilia in Calabria, dove i Saraceni, commet-

58 Il nome di Costanza è riferito da Nilo Doxopatrio fra le Chiese che sotto Leone III Isaurico furono staccate da Roma e messe alla dipendenza del Patriarcato di Costantinopoli: *Constantia, quae Consentina nunc dicitur.*

tendo i loro abituali eccessi, avanzarono fino a Cosenza, lasciando triste memoria delle loro scorrerie. Nel 976, Cosenza dovette versare il tributo ad Abu'l Qasim, che si era spinto nella valle del Crati. Un'offensiva arabo-sicula fu sferrata, nel 988, da Cayti Sati, chiamato dai Saraceni Bacobulo, che sbaragliò le squadre del patrizio Cureva sulle sponde del Crati.

Scampati alla strage del 988, i Cosentini costruirono dei borghi (dall'arabo *burg*) e ripopolarono le zone rurali circostanti, che poi si unirono in una sola comunità con la città. Padre Giovanni Fiore sul numero dei Casali di Cosenza seguì le indicazioni di Antonio Magino, geografo del secolo XVI: «*Tiene Cosenza tante terre murate e tanti castelli, quante e quanti non ne ha il territorio d'alcuna città d'Italia; donde pare una città continovata, anziché un territorio distinto*».[59] Lupo Protospata, nel *Chronicon*, segnala che nel mese di agosto 1009 i Saraceni di Cayti Sati, rotta l'alleanza con i Greci, presero la città di Cosenza. Cayti Sati si stabilì nella fortezza, da cui fu scacciato dai Cosentini. I furiosi assalti e massacri commessi dai Saraceni si protrassero fino al 1015. Al momento dell'arrivo dei Normanni Cosenza teneva un presidio difensivo, che era stato dominio dei Bizantini, dei Longobardi e degli Arabi. Era una fortificazione ripetutamente danneggiata, ripristinata e adattata a precisi scopi difensivi. I Normanni attuarono la *rivoluzione castrense*, ossia l'incastellamento, che assegnava all'edificazione d'una fortezza una funzione difensiva e «di simbolo del potere e della presenza anche fisica dei nuovi padroni».[60] Fortificarono il castello di Cosenza, cingendolo di fossato e di robuste mura sia a scopo difensivo sia per calcolo di dominio, e innalzarono bastioni e torri adibite alla difesa, all'abitazione, all'avvistamento, al deposito del materia-

59 AA. VV., *I mille anni dei Casali di Cosenza*, Spezzano Piccolo, Quaderni Silani, 1984, p. 27.
60 S. M. ABENAVOLI, *I Normanni*, Catanzaro, La rondine, 2014, p. 50.

le bellico. Roberto d'Altavilla (d'*Hauteville*), detto il Guiscardo (cioè l'*Astuto*), venuto in Italia nel 1047 (secondo Micheal Kensington) al soldo del principe longobardo di Salerno, si mise per proprio conto alla conquista delle terre in Calabria. Amato da Montecassino attestò, nella *Historia Normannorum*, che Roberto fortificò (*firmavit*) nel 1048 la rocca di San Marco, detta «la porta della Puglia». Nel 1058, Sichelgaita partorì Ruggero Borsa, figlio di Roberto il Guiscardo, che soggiogò Cosenza e Martirano (1060).[61]

Il *Chronicon Amalfitanum* dichiara: *Il duca Roberto prese nel 1075 Santa Severina, munitissima città della Calabria, dopo tre anni di assedio. Nella stessa Calabria prese la città di Cosenza e circondata Sant'Agata la occupò dopo un incessante assedio*. Nel 1076, Roberto il Guiscardo iniziò l'assedio di Salerno e con la collaborazione di alcuni cittadini prese il castello, nel quale si era rifugiato Gisulfo II, suo cognato. Nel 1079 circa, Roberto il Guiscardo riprese le armi contro Cosenza. Nel suo testamento, Roberto il Guiscardo stabilì che il suo erede ufficiale fosse il figlio cadetto Ruggero d'Altavilla detto Borsa; ma Boemondo alla morte del padre (Cefalonia, 17 luglio 1085), si ribellò ed entrò in lotta con il fratellastro Ruggero, figlio di Sichelgaita. Il primogenito Boemondo d'Altavilla era figlio di Alberada di Buonalbergo. Nei due campi di battaglia si videro rovesci, devastazioni, massacri. Cosenza sostenne con le armi Boemondo. Goffredo Malaterra scrisse che Boemondo, nel 1088, fece guerra al fratello presso Fragneto Monforte (*Farnitum*), ma Ruggero Borsa si difese virilmente e lo vinse. Dopo due anni di discordie i due fratelli si riconciliarono con la mediazione del potente zio Ruggero I, conte di Sicilia.[62] Co-

61 Roberto il Guiscardo, vinta la resistenza di Catanzaro, fece erigere nel 1060 un castello nella parte superiore della città, in una posizione strategica per l'arte militare. Con la capitolazione di Bari, i Bizantini uscirono definitivamente di scena (1071).

62 A. DI NISCIA, *Storia civile e letteraria del Regno di Napoli*, vol. I, Napoli, Nobile, 1846, p. 131.

senza fu ceduta al duca Ruggero Borsa; Boemondo ebbe Oria, Gallipoli, Taranto, Bari. Nel maggio 1091, Ruggero Borsa diede inizio alla costruzione del castello di Cosenza secondo le caratteristiche dell'architettura normanna.

Tra l'agosto del 1096 e il maggio 1097, le schiere dei Crociati si diressero in Terra Santa. C'erano lorenesi, fiamminghi e tedeschi guidati da Goffredo di Buglione e da suo fratello Baldovino; i normanni erano al seguito di Boemondo di Taranto, i provenzali agli ordini di Raimondo di Tolosa, o di Saint-Gilles, e c'erano i francesi del nord, inglesi e scozzesi con Roberto di Normandia. Nella *Gerusalemme Liberata,* Torquato Tasso segnala il conte di Cosenza: *Quando latin sia tu, qui far soggiorno / potrai, gli dice, in fin che 'l sol rimonte, / ché questo loco e non è 'l terzo giorno / tolse ai pagani di Cosenza il conte. / Mira il loco il guerrier, che d'ogni parte / inespugnabil fanno il sito e l'arte.*[63]

Ruggero II d'Altavilla istituì la *Curia* regia nel castello di Cosenza, uno dei baluardi per la difesa del regno normanno di Sicilia. Il 24 marzo 1184, un orrendo terremoto squassò la Calabria. La *Relazione* di Ettore Capecelatro riporta che in Cosenza morirono 25 persone e rovinarono 587 case e 13 monasteri.[64] Federico II di Svevia pensò, il 12 giugno 1219, di confermare a Luca Campano, arcivescovo di Cosenza, il possesso del castello di Cosenza con le terre di Rende.[65] L'imperatore tornò a trattare, nelle assise di Capua (1220) e di Messina (1221), il problema delle forti-

63 Il conte di Cosenza si riferisce a Boemondo d'Altavilla, che facendo circolare la falsa voce della morte del fratello, si proclamò conte di Calabria (1093) e quindi di Cosenza. Boemondo fu principe d'Antiochia (1099-1104).

64 E. GALLI, *Cosenza seicentesca nella "Cronaca" del Frugali,,* Roma, Collezione Meridionale Editrice, 1934, p. 28. Nella *Cronaca di Monte Cassino* l'anonimo cassinese attesta che a Cosenza ci fu un terremoto così forte e terribile che tutte le Chiese e tutti i muri degli edifici crollarono, e Pietro Ruffo, arcivescovo di Cosenza e molti altri rimasero soffocati sotto le macerie.

65 P. F. RUSSO, *Regesto Vaticano*, I, p. 117, n. 645.

ficazioni militari.[66] Nelle *Costituzioni di Melfi* (1231), vietò «di costruire fortificazioni o di restaurare quelle distrutte senza il consenso del sovrano».[67] Federico II di Svevia diede sviluppo e imponenza al castello di Cosenza, «le cui caratteristiche si riscontrano ancora oggi».[68] L'imperatore svevo obbligò, con lettera del 16 febbraio 1239, tutti i castellani della Valle del Crati di provvedere all'armamento difensivo dei loro castelli. I castelli federiciani compresi tra la Valle *Crati e Terra Giordana* e la Valle di *Calabria* furono 23. Singolari sono le somiglianze architettoniche del castello di Cosenza con quelli di Lucera, Rocca Ianula, Capua, Maniace a Siracusa, Ursino a Catania.[69] Federico II, sostenitore d'una politica filo-islamica, solitamente seguiva l'andamento dei lavori da vicino e invogliava le maestranze di lapicidi, di cui a Cosenza si sono trovati i marchi, a cercare la perfezione costruttiva del mondo greco-romano, senza cancellare però le vestigia moresche. Nell'ambito della campagna di fortificazione del Regno di Sicilia, Federico II di Svevia ordinò al secreto di Messina i lavori di consolidamento strutturale del castello di Cosenza, con una tipologia semplice e sobria. La struttura rettangolare fu chiusa da quattro torri d'angolo: due *quadrate* più grandi e due *poligonali* più piccole. L'austera torre ottagonale superstite nel lato destro, usata come posto di vedetta e illuminata da saettiere con apertura a strombo, guarda dalla cima del colle Pancrazio il quartiere di Portapiana. La torre ottagonale dell'angolo opposto (Sud-Ovest) fu colpita, nel 1656,

---

66 F. TERZI, *Cosenza. Medioevo e Rinascimento*, Cosenza, Pellegrini 2014, p. 320.

67 P. NATELLA-P. PERDUTO, *Per la storia del castello di Cosenza*, in «Magna Graecia», a. XIV (1979), n. 5-6, p. 18.

68 M. e R. BORRETTI, *Il Castello di Cosenza. Guida storico-artistica*, Cosenza ASEmit, 2019, p. 9.

69 M. BORRETTI, *Il castello di Cosenza. Nuova edizione aggiornata ed ampliata*, a cura di Raffaele Borretti, Cosenza, Calabria Nobilissima Editrice, 1983, p. 52.

da un fulmine che diede fuoco alla polveriera. Ne resta soltanto il basamento.[70] Nel 1254 era castellano di Cosenza *Guido Sambiasi*, succeduto al napoletano *Giovanni Pagano*. I caratteri tipologici dell'architettura sveva non sono stati del tutto cancellati dai molti restauri del passato. La dominazione angioina lasciò la sua impronta nella struttura del castello cosentino: nel vasto corridoio, detto dei *fiordalisi*,[71] si vede incisa, sugli archi a costoloni, l'arma della Casa d'Anjou, che tenne in efficienza il sistema difensivo del castello. Nel 1271 *Iohannes de Sancto Dionisio* ebbe la carica di *contergius*, cioè di custode o amministratore del castello. Carlo I d'Angiò, re di Sicilia, stette due volte nel castello di Cosenza: nel 1271 (tra il 4 e il 5 febbraio) e nel 1282 (tra il 27 e 28 giugno). La custodia del castello di Cosenza, come si apprende dallo statuto del 1268 e dalla conferma del 1275, fu affidata a *Guglielmo de Foresta*. Nel 1278 fu destituito *Vincenzo Piccardo* e sostituito nella carica di «contergius» da *Rostayno de Remulis*. Bonagiunta Marrono denunciò, nel 1292, il castellano *Nicolaus de Belloy* che si rifutava di restituirgli la mobilia riposta nel castello. Nel 1351 il castellano *Leonardo da Firenze* effettuò dei lavori nella parte nord del castello e nelle carceri. Dopo il castellano *Corrado Ruffo* (1398) di parte angioina, furono castellani alcuni calabresi: *Noffarello Riccio* e *Curolo Fazzari*.

Il castello di Cosenza fu la dimora di Luigi III d'Angiò (1403-1434) e di sua moglie Margherita di Savoia. Luigi III d'Angiò si trovava in Calabria, mandato da Giovanni Caracciolo, detto Sergianni, sotto pretesto di sottomettere alcuni baroni ribelli. Egli s'illuse, alla morte del gran siniscalco del regno (1431), d'essere richiamato dalla regina Giovanna II d'Angiò-Durazzo. Covella Ruffo, duchessa di Sessa, fece prolungare la missione in Calabria di Luigi III

---

70 R. GALDIERI, *Il Castello di Cosenza*, in Bollettino dell'Istituto Storico e di Cultura dell'Arma del Genio n. II (34), aprile 1951, p. 65.

71 C. CORIGLIANO, *Il Castello di Cosenza*, Cosenza, Fasano, 1987, p. 9.

d'Angiò, che decise di sposare Margherita di Savoia, figlia di Amedeo VIII e di Maria di Borgogna, per rafforzare la propria posizione. Dal castello di Cosenza diede la ratifica delle nozze (10 ottobre 1432), prestando giuramento di fedeltà sul Vangelo: «*In nostra civitate Cusence, per fidem et iuramentum nostrum propter haec ad sancta Dei Evangelia praestitum*».[72] La principessa raggiunse Luigi III a Cosenza (luglio 1434) dove l'arcivescovo Berardo Caracciolo-Pasquizi celebrò il fastoso matrimonio. L'evento fu solennizzato, per otto giorni, con luminarie, tornei, giostre, musiche.[73] Nel teatro «Alfonso Rendano», edificato nel 1877, su progetto dell'architetto Nicola Zumpano, Paolo Vetri raffigurò sul sipario le *Nozze di Luigi III d'Angiò con Margherita di Savoia*, «opera d'arte a sé stante».[74] Le nozze furono turbate dalla regina Giovanna, che impose a Luigi III di andare in Puglia a combattere contro Gian Antonio Orsini-Del Balzo, che aveva usurpato le terre dei Sanseverino e stretto alleanza con Alfonso V d'Aragona. Luigi III d'Angiò, che aveva sconfitto gli Aragonesi e ricevuto il governo della Calabria con il titolo di Duca, partì per assalire il potente principe di Taranto. I suoi successi resero geloso Jacopo Caldora, che si scostò da lui. La stagione delle piogge fece il resto, costringendo Luigi III d'Angiò, memore dell'avo suo, che era morto di «febbre» in Puglia, a fare ritorno a Cosenza. Si legge nei «Diurnali»: *Anelava di vedere Margherita, ma in quello mal ayro subito fo arrivato, ponendosi con sua mogliera li venne un accidente di febbre e morì*. Luigi III d'An-

72 N. ARNONE, *Le regie tombe del duomo di Cosenza*, in ASPN, a. VIII (1983), fasc. I, pp. 399-400.
73 R. GIRALDI, *Il popolo Cosentino e il suo territorio*, Cosenza, Pellegrini, 2003, p. 80.
74 L. BILOTTO, *Guida di Cosenza*, Cerisano, Kompass Service, 2017, p. 37. Bonaventura Zumbini si rifiutò di dettare un'iscrizione allusiva alla scena del dipinto, confessando di non conoscere «i lineamenti» della storia cittadina.

giò spirò, nel castello di Cosenza il 15 novembre 1434.[75] Fu seppellito nel Duomo di Cosenza. Il Mausoleo non è stato ritrovato. L'elogio scolpito nel marmo assicurava che Ludovico III d'Angiò morì per *febbri*, cagionate - secondo alcuni scrittori - da continui amplessi con la moglie.[76] Nel testamento Luigi III dispose che il suo cuore si portasse in Francia alla regina Violante, sua madre; e ciò fu fatto. Dispose che il proprio corpo fosse mandato all'arcivescovado di Napoli; ma questa sua volontà non fu rispettata, poiché il cadavere fu seppellito, nel duomo di Cosenza, in un'arca coperta di panno di broccato.[77] Bernardino Bombini scrisse, nel secolo XVI, che il corpo del re angioino si vedeva integro: *Corpore integro videtur*. Domenico Martire, in *Calabria sacra e profana*, scrisse che il 10 gennaio 1569, come dagli Atti Capitolari fol. 105, Tommaso Tilese *fu sepolto nella sagrestia della Cattedrale: poi colle ossa di Luigi III si portò nel muro dirimpetto alla Cappella di San Giovanni Battista della famiglia Cavalcante.*[78] Della sepoltura regale di Luigi III d'Angiò si perse, dopo il 1852, *qualsiasi traccia*. Nel 1432 il castellano era *Guidone de la Bossaye* e l'anno dopo *Branczardino de Beccuti*, che fu incaricato di alcune ambascerie a Roma e a Firenze. Nel 1434 tornò in carica il suddetto Guidone. Nel settembre del 1441, il castello di Cosenza cedette agli assalti di Francisco de Siscar.

L'insediamento della casa Aragonese (1442-1502) e le potenzialità offensive delle bombarde imposero per il castello di Cosenza nuove concezioni di attacco e di difesa. Nei privilegi concessi alla città di Cosenza, Alfonso d'Aragona ricordava che egli trascorse alcuni anni della sua

---

75 Luigi III d'Angiò-Valois non regnò mai, perché morì prima della regina Giovanna II, che lo aveva designato suo legittimo erede.

76 F. ALIMENA, *Cosenza una città in tasca!*, Cosenza, Edizioni Orizzonti Meridionali, 2003, p. 22.

77 C. MARCHESE, *Una resurrezione d'arte e gli storici tesori del Duomo di Cosenza*, Mileto, Signoretta, 1915, p. 15.

78 D. MARTIRE, *Calabria sacra e profana*, Ms in ASCS, T. II-I, fol. 527.

fanciullezza nel castello di Cosenza (*in qua nonnullos annos nostrae tenerae aetatis egimus*). Alfonso, detto il Magnanimo, che inaugurò il dominio aragonese su tutto il Mezzogiorno, soggiornò a Cosenza nel 1444. Negli anni 1444 e 1445 tenne la carica di castellano il cosentino *Luigi Morelli*. Prima di lasciare il *Regio paterno castello* di Cosenza, Alfonso d'Aragona diede disposizioni per la *custodia* dei castelli di Crepacore, Roccaminarda, Cotrone, Tropea, Roccabernarda e Catanzaro. Egli ordinò a *Ruggero Tosti,* castellano di Cosenza, di permettere agli Ebrei che abitavano in città «di andare a scopare ogni giorno il castello». Nel castello di Cosenza sarebbe stata ospitata dal 1458 al 1461 *una zecca* per il conio di tornesi di rame con lega d'argento. Antonio Centelles per ben tre volte si schierò contro la monarchia aragonese. Le rivolte da lui fomentate a Catanzaro e a Cosenza, tra il 1458 e il 1464, furono soffocate nel sangue. Nel 1461, recuperò il castello di Cosenza, che era in mano aragonese. Nel suddetto anno, la *rivolta dei Casali di Cosenza* fu spenta con la forza delle armi aragonesi di Roberto Orsini. Centelles fu arrestato, nel marzo 1466, in Santa Severina, da Enrico d'Aragona, figlio naturale di re Ferrante. Rinchiuso in una delle torri di Castel Nuovo di Napoli, Centelles cessò miseramente di vivere.[79] Ferdinando I d'Aragona alloggiò nel castello di Cosenza nel 1472; era sindaco di Cosenza Jacopo Cicala. Il re di Napoli ordinò con lettere lavori di carattere *militare,*[80] che furono eseguiti in quattro anni, senza che al castello si apportassero sostanziali modifiche.[81] I Capitoli del 1476 contengono la notizia della

79 A. SAVAGLIO, *I Sanseverino e il feudo di Terranova*, Cosenza, Orizzonti Meridionali, 1997, pp. 68-71. Enrico d'Aragona, marito di Polissena, figlia di Antonio Centelles, stanziatosi nel castello di Terranova, fu stroncato da morte per avere mangiato funghi velenosi (22 novembre 1478).
80 V. M. EGIDI, *Il castello di Cosenza in un documento dell'Archivio di Stato di Napoli*, in «Calabria Nobilissima», a. XIV, n. 41-42, p. 120.
81 AA. VV., *La fabbrica del Castello*, Cosenza, Pellegrini, 2001, p. 26.

presenza in Cosenza di *64 fuochi* di Giudei.[82] Nel 1480, alla morte di *Francisco Siscar*, subentrò nella carica di castellano di Cosenza il figlio *Paolo Siscar*, che si rifugiò nella sua contea di Ajello. Nel 1500 il castello di Cosenza, riparato dal castellano cosentino *Antonello Nobili*, fu consegnato al Capitano Consalvo Fernandez di Cordova che fu il primo Viceré del regno di Napoli, dove rimase per tre anni. Il primo castellano spagnolo fu *Loyse de Madarra* (1503). Il Trattato di Lione (gennaio 1504) assegnò agli spagnoli il possesso del Regno di Napoli, su cui il loro dominio durò oltre due secoli (1504-1708).[83] Nel 1517, il maggiorasco *Pedro de Armendarez* dichiarò che il castello di Cosenza possedeva «due colubrine, due mezzi falconetti in metallo di bronzo e quattro pezzi di artiglieria». Dall'inventario del suddetto anno si apprende che all'epoca era castellano di Cosenza *Don Pedro de Castro* (Sandoval). Nel periodo d'oro del Rinascimento cosentino, lo sviluppo culturale e civile della città si alternava alle tenzoni. L'imperatore Carlo V, con privilegio del 16 luglio 1533, autorizzò l'acquisto di travi e altri materiali per il castello. Il 7 novembre 1535, Carlo V, tornando da Tunisi, in compagnia di Pietro Antonio Sanseverino, si fermò a Cosenza. Entrato in Cosenza e salutato da gente affezionata e fedelissima e da tiri di artiglieria, l'imperatore prese alloggio nel palazzo Sersale e non nel castello. In una «Cronaca» manoscritta, conservata da Luigi Maria Greco, si legge testualmente: *Domenica entrò in Cosenza Carlo V (...). Quando fu a Portapiana andò* modifiche.[84] I Capitoli del 1476 contengono la notizia della

82 C. COLAFEMMINA, *Per la storia degli ebrei in Calabria. Saggi e documenti*, Soveria Mannelli, Rubbettino, 1996, p. 89. Ferdinando d'Aragona, nel 1486, fece costruire il castello di Pizzo, per mantenere i cittadini nella fedeltà del re.

83 In seguito alle vittorie del suo generale Consalvo de Cordova, Ferdinando II il Cattolico diventò re di Napoli col nome di Ferdinando V (1504).

84 AA. VV., *La fabbrica del Castello*, Cosenza, Pellegrini, 2001, p. 26.

presenza in Cosenza di *64 fuochi* di Giudei.[85] Nel 1480, alla morte di *Francisco Siscar*, subentrò nella carica di castellano di Cosenza il figlio *Paolo Siscar*, che si rifugiò nella sua contea di Ajello. Nel 1500 il castello di Cosenza, riparato dal castellano cosentino *Antonello Nobili*, fu consegnato al Capitano Consalvo Fernandez di Cordova che fu il primo Viceré del regno di Napoli, dove rimase per tre anni. Il primo castellano spagnolo fu *Loyse de Madarra* (1503). Il Trattato di Lione (gennaio 1504) assegnò agli spagnoli il possesso del Regno di Napoli, su cui il loro dominio durò oltre due secoli (1504-1708).[86] Nel 1517, il maggiorasco *Pedro de Armendarez* dichiarò che il castello di Cosenza possedeva «due colubrine, due mezzi falconetti in metallo di bronzo e quattro pezzi di artiglieria». Dall'inventario del suddetto anno si apprende che all'epoca era castellano di Cosenza *Don Pedro de Castro* (Sandoval). Nel periodo d'oro del Rinascimento cosentino, lo sviluppo culturale e civile della città si alternava alle tenzoni. L'imperatore Carlo V, con privilegio del 16 luglio 1533, autorizzò l'acquisto di travi e altri materiali per il castello. Il 7 novembre 1535, Carlo V, tornando da Tunisi, in compagnia di Pietro Antonio Sanseverino, si fermò a Cosenza. Entrato in Cosenza e salutato da gente affezionata e fedelissima e da tiri di artiglieria, l'imperatore prese alloggio nel palazzo Sersale e non nel castello.In una «Cronaca» manoscritta, conservata da Luigi Maria Greco, si legge testualmente: *Domenica entrò in Cosenza Carlo V (...). Quando fu a Portapiana andò dietro al castello; scese per li Molisi, cavalcò per il fiume Busento, e per la Nunziata entrò per il ponte dei Revocati. Ferrante Bernaudo Sindaco dei Nobili si sbigottì; e quello degli Onorati,*

85 C. COLAFEMMINA, *Per la storia degli ebrei in Calabria. Saggi e documenti*, Soveria Mannelli, Rubbettino, 1996, p. 89. Ferdinando d'Aragona, nel 1486, fece costruire il castello di Pizzo, per mantenere i cittadini nella fedeltà del re.

86 In seguito alle vittorie del suo generale Consalvo de Cordova, Ferdinando II il Cattolico diventò re di Napoli col nome di Ferdinando V (1504).

Giovanni Pantusa, di grande spirito, con molta prontezza soddisfece le domande di Sua Maestà; per il che ebbe parecchi onori e cortesie, l'aggregazione anche fra i Nobili. La Città e Casali regalarono a Sua Maestà tremila ducati ed un cavallo. Il martedì partì per San Mauro luogo di Corigliano che era del Principe di Bisignano, dove dimorò più giorni intento alla caccia. Indi sostò in Napoli e poi in Roma, siccome dalle memorie scritte da Giovanni Belmonte.

Il 23 luglio 1540, si fece l'inventario, alla presenza del notaio, delle munizioni del castello, che aveva una polveriera grande e un'altra piccola e una fucina sistemata alla porta. Il vice castellano era *Pietro Ortes*. Nel carcere del regio castello furono rinchiusi, nel 1545, i condannati a seguito d'una causa promossa contro di loro da Taddeo Gaddi «Electo Cusentino».

Nel castello di Cosenza, ma soprattutto in quello di Bollita (l'odierna Nuova Siri), rivive la storia d'amore e di poesia del blasonato Sandoval de Castro con Isabella di Morra, terminata nella tragedia. Isabella fu vittima, come il suo maestro, dei propri spietati fratelli. Don Diego Sandoval cadde poi in un'imboscata (tra il settembre e l'ottobre 1546). I versi composti dai due ardenti amanti furono letti «con pietà e ammirazione in quel di Napoli».[87] *Diego Sandoval de Castro* fu sospeso dalla carica di castellano di Cosenza alla fine di febbraio 1543; il nuovo castellano fu *Girolamo Fonseca*. Da un atto notarile risulta che la guarnigione del castello era composta dal comandante, dal vice comandante, dal bombardiere, da 11 ispani e da 18 fra armigeri e servi. Don Pedro de Toledo, viceré di Napoli, da Pozzuoli comunicò a D. Girolamo de Fonseca, il 27 febbraio 1543, la nomina a governatore comandandogli di prendere possesso del castello di Cosenza. La paludata cerimonia si svolse con rito spagnolo, alla presenza del Giu-

87 D. MARAINI, *Storia di Isabella di Morra raccontata da Benedetto Croce*, in *Memorie di una cameriera*, Milano, Rizzoli, 2001, p. 93.

dice regio, di numeroso pubblico, dei rappresentanti delle più note famiglie di Cosenza: Telesio, Passalacqua, Arnone, Ferrara, Gaeta. Le chiavi del castello furono consegnate a Girolamo Fonseca dal magnifico Pietro de Maupasso, custode e incaricato governatore da Garcia Marrigines di Lara, governatore generale nelle province di Calabria. Fonseca, «nel prendere reale e corporale possesso del castello», aprì e chiuse ripetutamente le porte, girò e rigirò nel primo cortile, poi nella cittadella, nella torre del Monaco, nella torre *mastra*, e in tutti gli altri luoghi. Venne, quindi, il turno del vice castellano, il magnifico *Cristofaro di Prado*, che giurò, in ginocchio e a capo scoperto, davanti all'eccellente castellano, con le mani sulla croce, di tenere e custodire fedelmente e lealmente il castello di Cosenza, preferendo la morte al dolo e alla frode, e di non consegnare ad alcuno il castello senza espresso ordine e mandato della Maestà Cesarea o di altra autorità. Nel documento si sottoscrissero soci e militi, detti satelliti.[88] Fonseca prese alloggio nel castello con i suoi familiari, per i quali chiese che fossero *tractati immuni et franchi de li datij et gabelle*. Divenne l'incubo dei Cosentini.[89] Alla morte di Carlo V, avvenuta nel monastero di San Jeronimo de Yuste, in Estremadura (1558) 1544), il castellano del castello di Cosenza era *Felice Mirabelli* di Amantea, succeduto a *Nicolò de Archis*. Nel 1559 era castellano lo spagnolo *Don Cristoforo Figueroa*.

---

88 V. EPIFANIO, *Il castello di Cosenza in un documento inedito del 1543*, Palermo, Andò, 1907, pp. 8-16. I nomi degli ispani firmatari sono: «Mastro Cola di Daptilo, Joanne Perillo, Petro Cola Perillo, Bernardo di Leo alias Scamaczo, Bernardino Taliano, Mastro Francesco Vela ardita, siciliano, commorante in Cosenza; seguirono quelli di Paterno, uno di Mangone, altri di Aiello, di Ferrante Sullaczo di la Mantia (Amantea), di Rosato Abruzzese e di mastro David Bombardero.

89 In un privilegio del 4 agosto 1555, concesso dall'imperatore Filippo II di Spagna, re di Napoli e di Sicilia, si legge: *La ditta città di Cosenza e casali li numerò lo magnifico don Geronimo Fonseca quale portava odio grande a ditta città et li aggravi che furono per esso fatti non devono a le prefate Universitate restare aggravati.*

Il 21 aprile 1564, il vice castellano *Fabiano de Fontes* fece le consegne del castello di Cosenza e di tutto quello che c'era dentro al nuovo vice castellano *Aloisio de Salsedo*, che obbligava i Casali cosentini della manutenzione del forte. Il 2 agosto 1564, l'*universitas* cosentina cercò inutilmente di opporsi alla sistemazione del «tribunale dell'udienza» nella sala del castello. Vivere nel maniero turrito riservava piacevoli sorprese, ma comportava anche grossi sacrifici e difficoltà finanziarie. Nel 1584 lo spagnolo Juan Vasquez de Acuna visitò il castello di Cosenza, che *se reformò per orden de Su Magesta precedente consulta del Signor Duca d'Ossuna.*[90] Il Consiglio Collaterale di Napoli sospese, nel 1585, l'assegno al castellano. Il canonico Frugali, nella sua *Cronaca,* annota il ridimensionamento operativo del castello, che venne smilitarizzato: *L'anno 1586 si levò la fortezza del castello.*[91]

Ai principi del Seicento il castello era integro e funzionante. Giorgio de Mendozza d'Aragona, governatore di Calabria, incaricò Sansonetto Belsito e Alfonso Cerato di Rogliano di fare l'inventario per eseguire i lavori di riparazione necessari. Il 10 marzo 1610 si recarono al forte le maestranze, accompagnate dal notaio Giacomo Maugeri, che stese l'atto notarile. Si stabilì che *per reparatione necessaria per dette roine tra calce, rina, tufi, legname, chiodi, petre, manipoli, come maestria et altre cose necessarie, bisogna spendersi ducati quattrocento in circa.*[92] Furono castellani di Cosenza alcuni membri della famiglia Roger dal 1605 al

---

90 M. CAPALBO - A. SAVAGLIO, *Fortissima castra. Luoghi di potere, di guerra, di amore e di morte in provincia di Cosenza*, con *Presentazione* di M. Maiolo, Castrovillari, Edizioni Ecofutura, 2003, p. 62.

91 F. TERZI, *Il Castello di Cosenza*, in *Per le antiche strade*, Cosenza, Le Nuvole, 2003, p. 69.

92 ASCS, *Notar Giacomo Maugeri*, 1610, f. 227-231. Nel 1613 Giovanni Pimentel, governatore di Calabria, constatò che occorrevano altri denari per eseguire i rimanenti lavori di restauro.

1687.[93] Nel 1607 reggeva il forte *Don Geronimo de Rogier,* cui successe il figlio *Geronimo* attestato nel 1618. Per circa 40 anni egli assicurò al meglio il castello e lo ampliò per il suo erede. *Gregorio Llugger* fece nel 1638 un disegno a penna acquarellato del castello di Cosenza, con impianto quadrilatero su basamento a scarpa e un rivellino. Nel disegno sono riprodotte le quattro torri assemblate a coppia: quelle meridionali più basse e poligonali (ottagone) e le altre quadrangolari più alte e con basamento bugnato, «come in tanti altri esempi pugliesi e siciliani».[94] Nel 1638 il terremoto danneggiò il castello di San Lucido e quello di Cosenza, che fu privato d'una torre di difesa e di quasi tutta la merlatura delle mura. Un fulmine fece crollare, nel 1656, un'altra torre ed esplodere le munizioni custodite dai soldati al servizio del tribunale dell'udienza. Rimase in piedi il cammino di ronda, che correva per la lunghezza della costruzione. Dal 1687 al 1689 furono castellani i calabresi *Giovanni Battista Ventura* (per due volte), *Carlo Cavalcanti* e *Francesco Ventura,* che rimase in carica fino al 1709.

Alla fine del Seicento, l'abate Ferdinando Pacichelli e il Preside di Cosenza, marchese Garofano, visitarono il castello. Il vessillo sventolava su una torre del «forte». Pacichelli fece incidere, nel libro *Il Regno di Napoli in prospettiva,* la veduta della città di Cosenza (1693).[95] Il 1° dicembre 1709 fu consegnato al magnifico *Francesco Ventura,* nipote del giureconsulto Gaetano Argento, l'*Inventario delle munizioni di guerra* nel quale si enumeravano tre porte: una era in buone condizioni, l'altra aperta e la terza, ferrata con la saracinesca, portava alla Piazza delle armi. Il mastio era senza porta e tre petrieri di ferro erano posti a terra «di nessun servizio». Il 18 dicembre 1758, le chiavi del

93 ASCS, *Notar Giacomo Maugeri*, Cosenza, 1613, foll. 41-43.

94 G. E. RUBINO-M. A. TETI, *Le città nella storia d'Italia. Cosenza*, Bari, Laterza, 1997, p. 19.

95 G. VALENTE, *Un toscano nella Calabria del Seicento*, Cosenza, Fasano, 1975, p. 16.

regio castello furono consegnate alla Curia arcivescovile affinché fosse adibito a *sede del seminario*. Michele Capece Galeota, arcivescovo di Cosenza, durante la carestia del 1763-1764, lasciò traccia della sua grande umanità ricevendo per la fedeltà «ai doveri del suo santo ministero» la stima dei cosentini.[96] Gennaro Clemente Francone, che fece ingresso solenne nell'arcidiocesi di Cosenza il 9 giugno 1773, si adoperò per l'ampliamento del palazzo arcivescovile, per i restauri del castello, per la costituzione di una ricca *pinacoteca*. Fece scrivere *Seminarium Consentinum* alla sommità del castello, cui dedicò la maggior parte dei suoi giorni, scendendo di rado nella sottostante città. Nel *Liber Praebendarum* si segnala che forse per aver fatto dei profondi scavi a piè del medesimo, onde rendere agevole la strada, il castello *fatalmente rovinò quasi dalle fondamenta*. Il nuovo uso del castello comportò la costruzione d'un portico, d'una nuova porta d'accesso al salone al pianterreno, di nuove scale e d'un chiostro all'interno del cortile. Altre modifiche riguardarono i piani superiori. Cosenza rimase tutta lesionata nel terremoto del 1783: ma non ci furono vittime «perché la gente stava guardinga». Nel 1806 si progettò, con una spesa di 5000 ducati, di ridurre il castello, nel giro d'un mese, in *caserma* difensiva per cinquecento soldati. Non tutti i lavori furono eseguiti, ma venne aperta una cisterna, che servì «a sotterrare i morti». Il sentimento di libertà, testimoniato dal sacrificio dei Fratelli Bandiera nel Vallone di Rovito, penetrava nella mente dei cosentini. Il governo borbonico impiegò, dal 1844 al 1860, la prigione del castello, detta *la forza*, per i detenuti politici condannati ai «lavori forzati».[97] Il terremoto del 12 febbraio

---

96 G. NUDI, *I Vescovi di Cosenza. Quadro cronologico*, Mendicino, Santelli, 1991, p. 33. Il caritatevole impegno costrinse l'arcivescovo Galeta a vendere la croce «insegna splendidissima» che lo distingueva. Egli visse la sua vita a somiglianza di quella degli Apostoli, «sempre erigendo trofei alla verità» (*singolis horis trophea erigens veritati*).

97 G. D. DONATO, *Il castello di Cosenza nel XIX secolo*, Magna Graecia, p.

1854 ridusse Cosenza a un cumulo di macerie. Contava 14000 abitanti. Ferdinando Scaglione racconta in una breve memoria: *Il Castello, antica sede dei sovrani, di colossale costruzione, sembrava dovere lottare coi secoli, sito a cavaliere della città, come signoreggiante la medesima e le sottoposte valli, in parte crollato e in parte crollante dalle sue enormi mura di dodici e più palmi di larghezza. Ed il monte medesimo, ove esso torreggia, si agitò in guisa che, spaccandosi, lasciò aperte larghe fenditure lungo il terreno e rampe che circondano il castello.*[98] Alla fine dell'Ottocento, il castello era fatiscente.[99] Margherita di Savoia lo visitò nel 1881. Nel 1885, fu comprato dal comune di Cosenza, che si attivò per svuotarlo di tutto il materiale d'accumulo. Nel 1905 il castello fu reso inagibile per il terremoto. Ettore Miraglia restò stupito, nel 1930, della sagoma del castello «armonicamente rude».[100] Impossibile oggi non notare le robuste mura, l'interno con caratteristica architettura gotica, le spesse scarpate d'imponente dimensione, il cortile quadrato, le quattro torri cimate, le sei sale disposte in successione, con soffitti a volta costolonati, le mezze colonne, le mensole e i capitelli a fogliame frastagliato, il salone di ricevimento, le alte cortine, la scala a chiocciola avvolgentesi dentro le grosse mura. Un grande camino nel salone del ricevimento, più volte restaurato, riscaldava anche il piano superiore. I pozzi ser-

---

18.

98 F. SCAGLIONE, *Cosenza*, Cosenza, Migliaccio, pp. 58-62. Nello sfascio interminabile delle sue masse e muraglie, incontrarono la morte undici soldati della guardia provinciale, quattro paesani e quattro vispi giovanotti figli dell'ufficiale di linea, signor Clemente, oltre di una nipotina dello stesso, e per soprappiù uno di quelli rimase semivivo slanciato lungi il castello.

99 N. MISASI, *Cosenza*, in «Le cento città», a. XXXI (1897), n. 289, p. 35. Nicola Misasi, romanziere cosentino, scrisse che il forte era diventato «nido di gufi e degli uccelli di rapina, che degnamente si sono sostituiti a principi e a duchi».

100 E. MIRAGLIA, *Rocche e castelli in Calabria. Il castello di Cosenza*, Castrovillari, La Vedetta, 1930, pp. 11-14.

vivano per l'approvvigionamento idrico e per il deposito dei rifiuti. Dopo gl'interventi di restauro, iniziati nel 2008 e terminati nel 2015, predisposti dall'amministrazione comunale di Cosenza, il castello normanno-svevo è tornato ad avere un aspetto ed una fruibilità positivi e accoglienti. È ridiventato polo attrattivo dell'intera comunità e del territorio circostante. Ha cambiato destinazione d'uso, ma resta valida testimonianza storica per Cosenza e uno scrigno d'indiscussa grandezza.

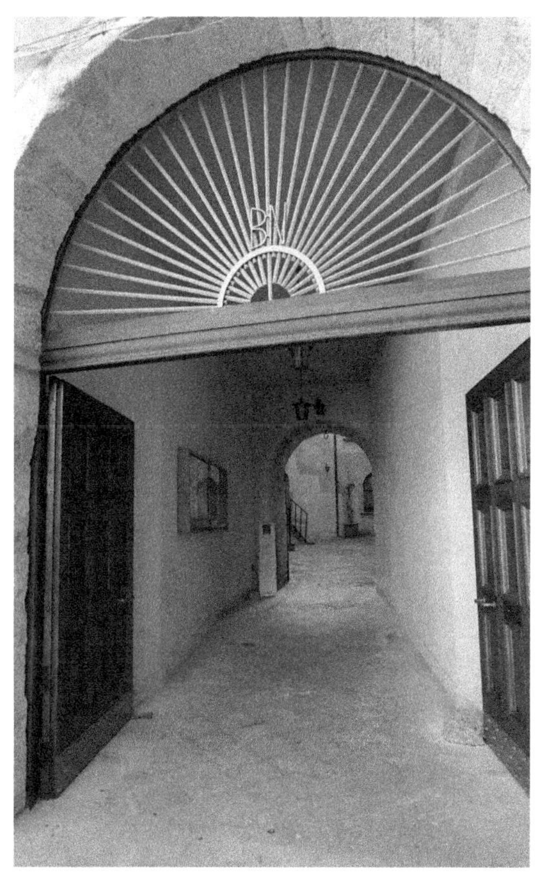

Biblioteca Nazionale (ingresso)

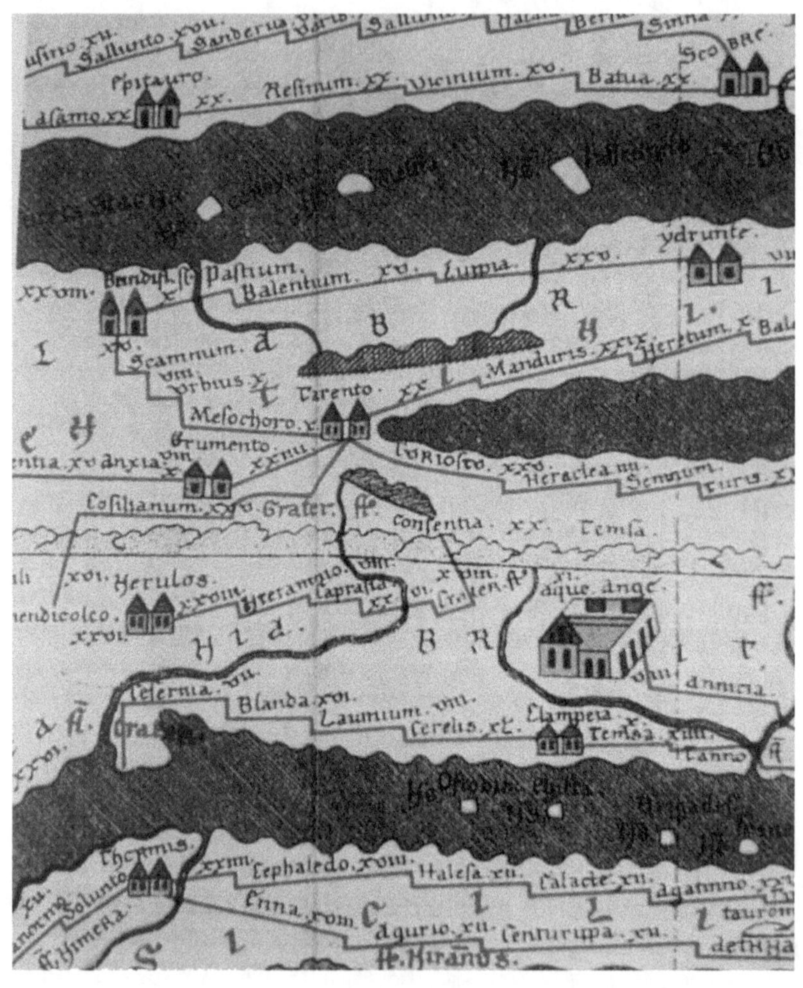

Tavola Peutingeriana - Consentia

IL CASTELLANO SANDOVAL E ISABELLA MORRA

Isabella di Morra, figura rappresentativa di poetessa del Cinquecento, consegnò alle *Rime*, pubblicate postume, la sua afflizione e la sua testimonianza, non soltanto filtrata da moduli letterari del petrarchismo, animati da accenti meditativi, ma diretta e puntuale della caratteristica realtà sociale e culturale del Meridione. Benedetto Croce mostrò interesse per Isabella di Morra e Diego Sandoval de Castro in *Vita di avventure, di fede e di passione*.[101] Don Diego, figlio unico e legittimo di Pietro Sandobal, vide la luce ai principi del 1516. Ebbe a balia e nutrice Caterina Saracina, nonna materna, vedova di Don Francesco Bisbal, signore della terra di Briatico e Calimera (in Calabria), che gli fu donata, nel 1496, per i buoni servigi resi a Ferdinando II d'Aragona, detto Ferrandino.[102] La tutela esercitata su Diego durò undici anni, fino al 17 aprile 1534. Succeduto a Loyse de Modarra, Diego Sandoval de Castro come castellano spagnolo di Cosenza esercitò il compito di guardare il forte e sorvegliare i carcerati rinchiusi nel castello normanno-svevo. Dagli atti notarili dell'Archivio di Stato di Cosenza risulta che egli comprò da Ferdinando Spinelli, con il patto di riscatto, per cinquemila ducati in contanti, il feudo di Campana col castello e tutti i diritti e le giurisdizioni feudali (2 luglio 1534). Nell'ottobre 1541, Diego Sandoval partecipò alla battaglia di Algeri. Dedicò a Carlo V una canzone «*nata di sdegno in mezzo all'arme*». Don Diego pubblicò, il 28 marzo 1542, le *Rime*, nelle quali cantò l'amore, il dolore, la sfortuna, la bellezza della donna.

Amor lunga stagion hebbe ardimento
Ogni vista sprezzar, ch'agli occhi piace;
Che ne sostiene in debole e fallace
Sperar, volge in tormento.

Diego Sandoval fu accusato, nel 1543, di delitto di *fellonia* e fu sospeso dal «*guberno et tenentia del castello di la cita di Cosentia*». Il decreto fu firmato da Bernardino Martirano, decoro della nobiltà cosentina. Don Diego, nonostante la proroga concessagli di quattro mesi, non si presentò e di conseguenza fu dichiarato «*bannito e contumace*». Fu sostituito da Don Geronimo de Fonseca, che scelse Cristoforo de Prado come vice castellano di Cosenza.

Diego Sandoval, uomo «d'arme e di corruccio», andò ad abitare in Benevento. Don Diego era un tipo poco raccomandabile. S'inimicò Anton Francesco Grazzini detto il Lasca, uno dei fondatori dell'Accademia degli Umidi (1540), trasformata in Accademia fiorentina,[103] che lo apostrofò con un sonetto satirico, dicendo che conosceva solo l'uso delle armi ma non quello della lingua fiorentina: «*Senza sapere punto di lingua e col fare al Petrarca la bertuccia.*»

Diego Sandoval da Benevento si recava di nascosto al castello di Bollita (oggi Nova Siri), dove dimoravano la moglie e i figli. Vicino al castello di Bollita s'ergeva quello di Favale (ora Valsinni), dove viveva la giovane poetessa Isabella di Morra, che aveva ricevuto, al pari di suo fratello Scipione, una formazione umanistica.

Giovanni Michele Morra, padre d'Isabella, ricco barone del regno di Napoli, si ribellò nel 1525 alla Spagna, schierandosi con Odetto di Foix, visconte di Lautrec, mandato in Italia da Francesco I di Francia per vendicare il sacco di Roma (6 maggio 1527), dove i lanzichenecchi si disputarono il ricco bottino e se lo divisero «facendo uso

---

103 AA.VV., *Les écrivains et le pouvoir en Italie à l'époque de la Renaissance*, Paris, Université de la Sorbonne Nouvelle, 1972, pp. 361-438.

della pala».[104] Giovanni Michele, accusato dal principe di Salerno, suo lontano parente, d'avere invaso alcune terre della castellania e maltrattato i suoi ministri, dovette fuggire a Roma (agosto 1528), e di là se ne andò in Francia. Sua moglie restò con la numerosa famiglia nella terra di Favale. Marcantonio di Morra, figlio primogenito di Giovanni Michele e fratello d'Isabella, per indulto dell'imperatore Carlo V, salvò la signoria di Favale con «tutti i suoi feudi». Il padre preferì rimanere in esilio, trattenendo con sé il secondogenito Scipione, giovane di buone lettere. Isabella di Morra, per approfondire gli studi e la pratica delle *humanae litterae,* fu affidata a un precettore. Don Diego Sandoval le inviava lettere e composizioni poetiche firmando a nome della moglie.[105]

Nella pleiade dei petrarchisti del Cinquecento, alcuni di loro furono costretti a stampare le Rime senza nome d'autore per l'ordinaria uniformità al Petrarca e al Trecento. Sono tutti poeti d'amore, che sotto la spinta di Pietro Bembo si rifecero al Petrarca (*gentil d'amor mastro profondo*) e alle forme metriche da lui adoperate, come il sonetto e la canzone. Fra i maggiori esponenti del petrarchismo (che contaminò anche Ariosto e Tasso) sono da menzionare: Mons. Giovanni Della Casa, Annibal Caro, Michelangelo Buonarroti, Galeazzo di Tarsia, barone di Belmonte in Calabria, che nelle *Rime* cantò la solitudine, la figura della moglie Camilla Carafa, morta in giovane età non senza il sospetto d'essere stata assassinata dal marito poeta e malfattore, la relegazione nell'isola di Lipari, le pene «ampie e profonde», l'avversità del destino. Fu ucciso nel 1553, a 33 anni d'età.

Nella schiera dei petrarchisti v'è poi un gruppo di poetesse delicate e sensibili, testimonianza di una «po-

104 A. FREDIANI, *Il sacco di Roma*, Firenze, Giunti, 1997, p. 45.
105 D. MARAINI, *Memorie di una cameriera. Storia di Isabella di Morra raccontata da Benedetto Croce*, Milano, Bur, 2001, p.89.

esia al femminile», che per la prima volta si riscontra in proporzione non trascurabile nella storia della letteratura italiana. Veronica Gambara, frequentata da grandi personalità e apprezzata dall'imperatore Carlo V, espresse con eleganza, in un breve *Canzoniere*, il rimpianto del marito (Gilberto, signore di Correggio), la bellezza della natura in primavera, la speranza nella vita ultraterrena. Vittoria Colonna, di nobilissimo spirito, celebrò il suo amore ideale nell'eterno rimpianto del marito, Ferrante d'Avalos, marchese di Pescara, morto in seguito alle ferite riportate nella battaglia di Pavia (1525). Gaspara Stampa amò Collatino di Collalto, che presto l'abbandonò per seguire i propri interessi di carriera; e lei scrisse nel *Canzoniere* la potente confessione della sua sincera passionalità e la tristezza d'amore in sfumature autobiografiche che hanno i pregi dell'arte.

Isabella di Morra entrò onorevolmente nel Parnaso, poiché non fu servile imitatrice del Petrarca e diede voce a un modo di pensare e di sentire corrispondente al proprio spirito tormentato e al proprio tempo, con un linguaggio che presenta alcune ridondanze ma anche uno sforzo di dare ai versi un più forte vigore. La sua poesia scaturiva da un'angoscia esistenziale.

Il tema del fiume che scorre nella «valle infernale» rimanda al pianto per il padre lontano da lei:

Torbido Siri, del mio mal superbo
or ch'io sento da presso il fine amaro,
fa' tu noto il mio duolo al padre caro,
se mai qui 'l torna il suo destino acerbo.

Digli come, morendo, disacerbo
l'aspra fortuna e lo mio fato avaro,
e, con esempio miserando e raro,
nome infelice a le tue onde io serbo.

Tosto ch'ei giunga a la sassosa riva
(a che pensar m'adduci, o fiera stella,
come d'ogni mio ben son cassa e priva!),

inquieta l'onde con crudel procella,
e di': «M'accrebber sì, mentre fu viva,
non gli occhi no, ma fiumi d'Isabella.

La poetessa nella solitudine del feudo versava fiumi di lacrime anelando alla libertà.

Seguita m'hai sempre, empia Fortuna,
cominciando dal latte e dalla cuna.
Quella che è detta la fiorita etade,
secca ed oscura, solitaria ed erma,
tutta ho passato poi cieca ed inferma,
senza saper mai pregio di beltade.

Leopardi si ricorderà di questi versi e di questo personaggio, che mescolava ai ricordi del mondo classico la fede cristiana e contrastava la morte sempre in agguato con l'ansia di verace affetto e i sensi di colpa e di perdono.

[...] Fra questi dumi,
fra questi aspri costumi
di gente irrazional, priva d'ingegno,
ove senza sostegno
son costretta a menare il viver mio,
qui posta da ciascuno in cieco oblio.

Nei suoi componimenti poetici, trovano spazio i temi dell'attesa del padre, del lamento per l'avverso destino, l'inclemente solitudine.[106] Isabella mise al centro della

106 G. MASI, *La lirica e i trattati d'amore*, in *Verso il manierismo, Storia*

propria infelice vicenda umana pensieri di libertà e la preghiera alla Vergine Maria:

Qui non provo io di donna il proprio stato
Che dolce vita mi sarìa la morte.

Nelle *Rime* di Isabella Morra non c'è alcun riferimento alla morbosa passione per Diego Sandoval, e neppure nelle rime del castellano Sandoval si trova una traccia di storia amorosa «che superi la genericità e ci dia qualche indizio di contatto tra i due».[107] Nelle Rime d'Isabella Morra non si riscontra nemmeno una dedica ad Antonia Caracciolo, moglie di Diego Sandoval. È stato perciò assodato che il sonetto indirizzato alla Signora di Senise non riguarda Antonia Caracciolo bensì Donna Giulia Orsini, figlia naturale del papa Giulio II della Rovere, la quale fu uccisa per strangolamento, il 17 novembre 1537, per ordine dato dal marito Pietro Antonio Sanseverino, principe di Bisignano e padrone di Senise, che fu salutato dal poeta Aretino, «subiecto de la cortesia e de la libertà».

Il giorno tanto atteso da Isabella arrivò; e la sua vicenda si tinse di sangue, come nel mito di Eco, che si consumò d'amore e fu fatta a brandelli. L'amore è *desiderio di bellezza,* diceva Pietro Bembo negli «Asolani», ma non fu così per la nobile giovane Isabella, cui Giuseppe Toffanin, critico letterario, assegnò il «secondo posto» fra le poetesse del Cinquecento, dopo Gaspara Stampa, che con le «Rime» scrisse un vero «diario d'amore». Toffanin era persuaso che Diego Sandoval non ebbe mai un vincolo amoroso con Isabella Morra, la Beatrice Cenci della Basilicata,

---

della letteratura italiana diretta da Enrico Malato, vol. VIII, Salerno Editrice, 2016, p. 637.

107 F. VITELLI, *Sul testo delle "Rime" di Isabella di Morra*, in *I Gaurico e il Rinascimento meridionale.* Atti del Convegno di Studi, a cura di A. GRANESE-S.MARTELLI-E.SPINELLI, Salerno, Centro Studi sull'Umanesimo meridionale - Università degli Studi di Salerno, 1992, p. 455.

ma solo una relazione lirica «più vera, migliore e pura». Al critico piacquero soprattutto due canzoni: «Signor che insino a qui tua mercede», dove il perpetuo affanno e la nostalgia del padre sono trasfigurati in ardore religioso, e «Quel che più giorni a dietro», che sta alla solitudine di Favale come «Il passero solitario» del Leopardi sta a quella di Recanati. La convinzione di Toffanin è invalidata dalle «Relazioni» sull'uccisione di Don Diego, che il segretario dell'imperatore riassumeva con le seguenti parole: *le succedio la muerte por ciertas liviandades* (leggerezza) *en que anduvo con una hermana* (sorella) *de un baron*. Nelle *Rime* Isabella di Morra manda imprecazioni alla «crudel Fortuna», che la costringe a vivere nell'inferno «solitario e vano» di Favale e ad aspettare con ansia sia il ritorno del padre esule, sia la ricompensa per la fedeltà della famiglia Morra al re francese:

Pietà non giunge al cor del re di Francia,
che con giusta bilancia
pensando il danno, agguaglie la mercede,
secondo il merto di mia pura fede.

Isabella destinò un sonetto al poeta Luigi Alamanni, che fu costretto, per le vendette politiche, a vivere in Francia per circa trent'anni.[108] Fu maestro di palazzo della regina Caterina de' Medici, della quale Scipione Morra, fratello d'Isabella, fu segretario. Scipione Morra fu avvelenato da invidiosi cortigiani. Caterina de' Medici, molto sdegnata, si volse «a punire i colpevoli», come Angelo de Gubernatis osservò nell'introduzione alle *Rime* di Isabella di Morra. [109]

---

108 Luigi Alamanni, chiamato al servizio di Francesco I di Valois, il grande avversario dell'imperatore Carlo V, si allontanò dalla Francia soltanto per alcune missioni diplomatiche.
109 A. DE GUBERNATIS, *Isabella Morra. Le Rime*, Napoli, D'Andrea, 1924, p. 6.

Nelle sue Rime, Isabella Morra ascolta i passi della morte che s'avvicina e accusa «l'aspra Fortuna» di rendere più problematico e dolente il vivere in un luogo che tarpa le ali al sogno e soffoca qualsiasi slancio ideale:

D'un alto monte ove si scorge il mare
miro sovente io, tua figlia Isabella
s'alcun legno spalmato in quello appare,
che di te, padre, a me doni novella.

Ma la mia avversa e dispietata stella
non vuol ch'alcun conforto possa entrare
nel tristo cor, ma di pietà rubella
la salda speme in pianto fa mutare:

ch'io non veggo nel mar remo né vela
(così deserto è, l'infelice lito)
che l'onde fenda, o che la gonfi il vento.

Contra Fortuna allor spargo querela,
ed ho in odio il denigrato sito,
come sola cagion del mio tormento.

Se Machiavelli sottomise gli assalti della Fortuna alla volontà degli uomini, Isabella Morra la considerò un'entità metafisica a cui bisognava sottostare.[110] Sfortuna volle che la relazione epistolare si trasformò man mano in una tresca con Diego Sandoval de Castro. Alcune lettere ancora chiuse e un sonetto caddero nelle mani dei fratelli Morra, che domandarono alla sorella la provenienza di quel plico. Isabella rispose che le era stato spedito dal castello di Bollita ove viveva Antonia Caracciolo. La risposta aizzò il furore e la crudeltà dei fratelli, che massacrarono sia il

110 A. BUDRIESI, *Letteratura. Forme e modelli*, vol. 2°, Torino, SEI, 1988, p. 265.

precettore di Isabella, resosi ruffiano e reo di complotto, sia la loro sorella (1546). Cesare, Fabio e Decio Morra, tornati dalla Francia, assetati di vendetta, con l'aiuto degli zii paterni Cornelio e Baldassino, tesero un'imboscata a Don Diego Sandoval e lo uccisero, nei pressi di Noia (l'odierna Noepoli), con tre archibugiate (una all'occhio, l'altra al ciglio del medesimo occhio, la terza alla metà del collo). Alonso Basurto, governatore della provincia di Basilicata, comunicò al viceré Pietro de Toledo che si mormorava che *dicto Don Diego havea festeggiato una sorella del dicto barone et fratelli*. Benedetto Croce traduceva *festejar* con il verbo «corteggiare», mentre fare la festa in Lucania vuol dire togliere a una donna il fiore della verginità.

Si trattò d'un delitto d'onore dettato da preconcetti e persino da inimicizia politica tra i fratelli d'Isabella e Don Diego Sandoval de Castro? Di certo si sa che mentre nel feudo di Favale si recitava una devozione filo-francese, Isabella di Morra cantò l'amore e il presentimento di morte, con stile «amaro, aspro e dolente», come lo definì la stessa poetessa, e che Donna Giulia Orsini le aveva assicurato «prossime nozze», impedite poi dal delitto di un'efferatezza senza limiti.

Una leggenda narra che il fantasma di Isabella di Morra di notte infesta il cupo silenzio del castello di Favale con canzoni d'amore, mosse da rime adorne di «fervida spontaneità».[111]

---

111 F. SALERNO, *Isabella di Morra: il fuoco della seconda vista*, Roma, Lo Faro, 1986, p. 21.

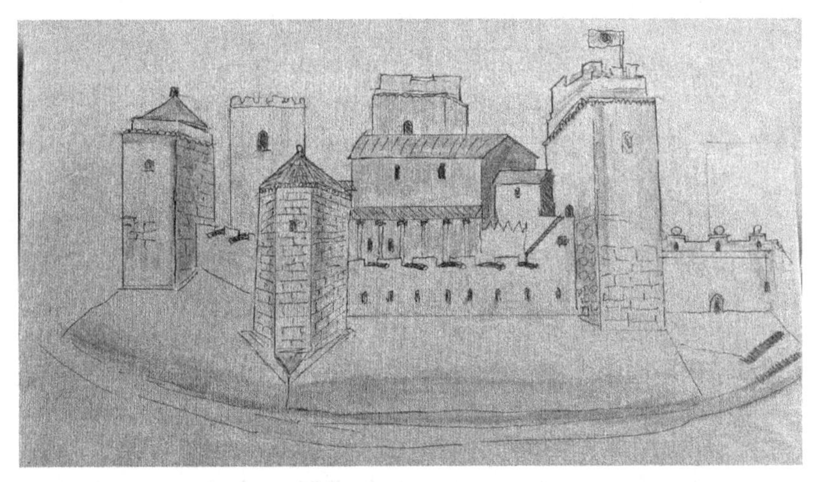

Castello di Cosenza nel 1638

ACCADEMIA COSENTINA

L'antica e prestigiosa Accademia di Cosenza fu fondata dall'agosto 1511 all'aprile 1512, da Paolo Giovanni Parrasio, conosciuto con il nome accademico di Aulo Giano Parrasio. Dopo avere insegnato in Milano, ai discepoli Andrea Alciati e a Giacomo Trivulzio, e poi a Vicenza, Padova, Venezia, egli tornò nella città «della giovinezza studiosa», dove aprì, nell'arco di tempo di pochi mesi, un cenacolo solidale di *studia humanitatis*, senza leggi e senza statuti, sull'esempio delle Accademie di Firenze, di Napoli e Roma.[112] In suo onore fu chiamata *Accademia Parrasiana*, che fin dal suo nascere fu animata dal principio «di diffondere con ogni mezzo e verso ogni direzione la cultura; valorizzare artisti e scienziati; difendere i grandi valori umani, artistici, scientifici, culturali della società nazionale; essere presente nei dibattiti culturali della città».[113] Leone X, esortandolo con Bolla papale del 28 settembre 1514, «a venire al più presto nell'Urbe, onde vederti con paterno affetto», lo volle al Ginnasio di Roma dal 1514 al 1517. Aulo Giano Parrasio ritornò a Cosenza, nell'estremo periodo della sua vita, per continuare a illustrare i grandi classici, perché diceva che l'uomo educato sui codici antichi difende il passato dal presente e restaura i valori morali e spirituali della poesia. Aulo Giano Parrasio morì nel 1522 a 52 anni d'età, in Cosenza. Niccolò Salerni così lo rievocò nell'Epicedio del 1536: *Chi ora, o posteri, ricorderà gli ameni canti / E celebrerà i vostri monti selvosi? O chi i mari?/ E le ghirlande e le fonti chi mai potrà narrare / Con il suono della lira?* L'Accademia Parrasiana conobbe un periodo di crisi che coincise con la chiusura dell'Accademia Pontaniana di Napoli ordinata dal viceré, D. Pietro di Toledo, intorno al 1543.

Fiorironon nell'Accademia: Niccolò Salerni del casale di Rovito, Vincenzo di Tarsia, figlio del Reggente Galeazzo, che morì nel 1513, Aulo Pirro Cicala, i fratelli Coriolano e Bernardino Martirano, dei quali il filosofo Francesco Fiorentino ha intessuto «lodi entusiastiche», Giovanni Paolo Parisio, nato a Figline Vigliaturo casale di Cosenza nel 1473, che fu vescovo di Nusco (1538-1545), cardinale di Santa Sabina, *Legatus ad Concilium Tridentinum*. Nella inedita «Istoria dei Cosentini» si legge che «Parisio fu innalzato alla dignità del cardinalato da Paolo terzo e fu mandato al Concilio di Trento insieme col cardinale Cantareno e col cardinale Sadoleto. Compose quattro volumi di Consigli, i quali sono in molta stima, così appresso coloro che difendono le cause civili, come appresso a coloro che espongono i modi delle genti agli studenti. Fece le aggiunzioni alle lettere di Bartolo e commentò anche i digesti e il codice. Ma gran parte di quei suoi scritti, che non furono pochi, né di picciolo pregio, si sono smarriti e perduti, e non sono per venire mai più in luce».[114]

L'Accademia di Cosenza fu riaperta al tempo di *Bernardino Telesio* (1509-1588), che la rinvigorì con il soffio creatore del pensiero filosofico e scientifico, sostenendo il valore della persona libera contro lo scolasticismo aristotelico. Su questa base i soci dell'*Accademia Telesiana* si staccarono dalle essenze aristoteliche e ruppero a mano a mano con le pretese della magia, ponendo energicamente a fondamento delle ricerche l'idea che la natura, studiata

114 V. NAPOLILLO, *Nusco. Rivisitazione della storia*, Avellino, ABE, 1988, p. 102. Pietro Paolo Parisio, l'unico cardinale della Chiesa episcopale di Nusco (Av), nacque a Figline Vigliaturo, casale di Cosenza, nel 1473. A Nusco andò perduto anche il Breve d'indulgenza plenaria concessa da Paolo III nel 1542, rimasto in cornice fino ai tempi del Vescovo Pasquale Mores (1919-1950).

secondo i propri principi, non è un mondo a sé, ma una realtà che si regge su principi intrinseci o forze naturali. Bernardino Telesio, istruito nelle lettere classiche dallo zio Antonio, umanista e poeta, pubblicò i primi due libri della sua opera maggiore: *De rerum natura iuxta propria principia* a Roma nel 1565; i nove libri dell'edizione definitiva furono pubblicati postumi a Napoli nel 1686. Telesio fu considerato da Bacone come «uno degli uomini nuovi», perché diede importanza ai metodi empirici e fu uno dei padri del movimento scientifico del Rinascimento.

Si dice che Bernardino Telesio, filosofo cosentino ed europeo, è *molto citato e poco conosciuto*. È una falsità. Galileo, Bacone e Campanella svilupparono le premesse telesiane. Galileo Galilei scrisse: «La natura prima fece le cose a suo modo, e poi la mente capace a intenderle». Bacone affermò: «La verità nella realtà delle cose e la verità nella conoscenza non sono che una sola e medesima verità». Campanella esaltò Telesio come colui che *esprime la natura secondo verità e rende così l'uomo sapiente piuttosto che eloquente*. Bernardino Telesio fu stimato nell'ambito dell'Accademia Parrasiana, che si denominò successivamente *Accademia Telesiana*. Telesio è conosciuto, letto e amato soprattutto nella sua città natale, verso la quale manifestò il suo trasporto d'amore: *La mia diletta città potrebbe benissimo fare a meno di me, ma sono io che non posso fare a meno di essa. Essa mi scorre nelle vene e che amo.*

Il filosofo Telesio è abbastanza conosciuto ma, in generale, è ideologicamente *strumentalizzato*. Si tenta di farlo passare come il sostenitore del *materialismo* o come colui che usò un «espediente tattico» nell'ammettere l'immortalità dell'anima per non rompere a viso aperto con la fede cattolica. Si dimentica che la sua concezione di Dio creatore della natura e dell'anima *superaddita* non contrasta con la Rivelazione né con le verità della scienza. Il pio Telesio prima di essere un filosofo fu un credente, che ammise, con incrollabile convinzione, una sostanza spirituale che ha la funzione d'elevare l'uomo dal terreno all'eterno, dal mondano al divino.[115] Andrea Lombardi scrisse che l'Accademia «brillò allora di una luce vivissima, ed il grido del suo nome si sparse per tutta Europa (...).[116] Efficace interprete della filosofia del Telesio fu *Sertorio Quattromani* (1541-1607), intellettuale di prestigio, che contribuì a riordinare l'Accademia Telesiana mettendola sulla strada della filologia, della critica, del diritto, delle scienze naturali. Stampò le *Historie* del Cantalicio sotto il nome di Incognito Accademico Cosentino. Giovanni Paolo d'Aquino pensava di dare all'Accademia un nome allegorico e capriccioso, ma Sertorio Quattromani, *Principe* di essa, volle che si chiamasse *Accademia Cosentina,* della quale fecero parte: Giovanni Paolo d'Aquino, Fabio Cicala, Peleo Firrao, Giulio Cavalcanti, Francesco Antonio d'Amico, Fabrizio e Lucrezia della Valle, Giambattista Ardoino, Gian Maria Bernaudo, Marcello de Bonis, Francesco Muti, Lucia Vitale, Cosimo Morelli e i fratelli Antonio e Ascanio Persio. Se essi non furono tutti pari nei meriti letterari, lo furono nell'amore e nello sforzo di dare lustro all'Accademia Cosentina.

Nel 1591, arrivò a Cosenza, in seguito alla rinuncia del cardinale Pallotta, l'arcivescovo *Giambattista Costanzo,* dei Conti di Corleto, dottore in sacra teologia, che aprì, nel 1608, l'*Accademia dei Costanti,* così detta dal cognome del suo casato, nella quale raccolse i migliori esponenti dei diversi ordini religiosi esistenti in Cosenza. Alle adunanze accademiche parteciparono teologi, predicatori, avvocati e poeti. Egli la dotò di un emblema araldico, consistente in uno scudo con sette colli effigiati, sormontati dalla luna crescente col motto: *Donec totum impleat orbem* e con le pa-

---

115 V. NAPOLILLO, *Bernardino Telesio filosofo e poeta*, Cosenza, Edizioni Orizzonti Meridionali, 2010, p. 17.

116 A. LOMBARDI, *Saggio storico sulle Accademie Cosentine dalle origini al 1818*, Cosenza, Tip. dell'Indipendenza, 1865, p. 9.

role poste fuori del disco: *Nobilissimus ordo Consentinus*.

Furono molti soci dell'Accademia dei Costanti a essere degni di riguardo: Maurizio Barracco, Paolo Bombini, Agostino Caputo, Ottavio Caputo, socio ordinario dell'Accademia Pontaniana di Napoli e corrispondente di quella di Costanti di Cosenza, Pietro Catroppo, citato da Tommaso Aceti, Zavarrone, Sambiasi che scrisse: *De familiis Consentinis,* Francesco d'Amico, Flavio De Flisco, Muzio della Cava, che dettò le *Notizie intorno alla città di Cosenza e delle sue nobili famiglie* (1642), di cui si servì Salvatore Spiriti, che lo loda per la dottrina e per la lealtà, Tiberio De Luca, Paolino Giordano, Niccolò Girardi, che prese il nome d'Impenetrabile, Giorgio e Michele Marra di Lappano, Flaminio Monaco, Filippo Pascali, Scipione Pascali, che fu storiografo e vescovo di Casale in Piemonte, Giovanni Antonio Palazzo, Filippo Rocchi, teologo dell'Ordine dei Minimi di S. Francesco di Paola e autore dell'orazione *In obitu Thomae Campanellae* e di due tragedie sacre, Girolamo Rocchi, Francesco Sambiase e Girolamo Sambiasi, conosciutissimo per i *Ragguagli* (Napoli, Lazzaro, 1639), concepiti con l'aiuto delle scritture di Vincenzo Sambiase cavaliere cosentino, Giovanni Battista Sersale, Vincenzo Via dell'ordine dei Minimi, che scrisse l'opera: *Crux omnium religionorum asperiorumque Minimorum,* che, secondo lo storiografo Davide Andreotti, «gli fece molto onore».

La fioritura d'illustri accademici attesta l'errore in cui sono caduti Davide Andreotti, Francesco Fiorentino, Luigi Accattatis, i quali hanno sentenziato che dall'Accademia dei Costanti «non uscì nulla di buono». Coriolano Martirano assegnava a Mons. Costanzo un posto nel Paradiso della cultura cosentina e ricordava che «paradossalmente» durante l'Illuminismo si decise di conservare lo stemma dei Costanti e non quello dettato da Tommaso Campanella, per fare così «un omaggio all'onestà intellettuale».[117] Alcuni soci dell'Accademia dei Costanti furono iscritti anche a un altro sodalizio cosentino, che si chiamò *Accademia dei Negligenti*, di cui *Francesco De Luna* fu il *princeps*. Essa non ebbe lungo corso e si estinse, nel 1660, con la morte dell'arcivescovo Giuseppe Maria Sanfelice. Ma un duro colpo fu portato anche dalla peste del 1656 e del 1657, di cui parla la *Cronaca* del Caputi. Salvatore Spiriti, nelle *Memorie degli Scrittori Cosentini*, scrive che Muzio Caselli, amante di Cosenza e delle belle lettere, avendo visto l'Accademia quasi estinta per noncuranza, «imprese con grande zelo a ravvivarla, e a rimetterla nell'antico splendore, tenendo frequenti letterarie adunanze in sua casa, rincuorando con tutti i mezzi i buoni ingegni a coltivare le belle arti e sovvenendo ai bisogni di taluno coll'aiuto dei libri necessari all'acquisto di quelle, e riducendosi, per dar loro esempio, ad apprendere ormai vecchio le greche lettere dal dottissimo Simone d'Alessandro capitato a caso in Cosenza». Alla morte di Caselli, diventò Principe dell'Accademia dei Costanti *Fabrizio Castiglione Morelli*, che nel 1713 pubblicò, in Venezia, il celebre libro: *De Patricia Consentina Nobilitate Epitome* e, nell'anno 1714, in Firenze, la *Raccolta* dei componimenti degli Accademici in morte della contessa d'Althan. Verso la metà del Settecento si contavano in Cosenza tre sodalizi: *Accademia dei Costanti*; *Accademia dei Cratilidi*; *Accademia Ecclesiastica*. L'*Accademia dei Pescatori Cratilidi* fu concepita nel 1753 dall'abate *Gaetano Greco*, che scelse il mirto, la pianta cara a Venere, come simbolo dell'amore e della poesia amorosa. Lo stemma aveva i sette colli della città bagnata dai fiumi Crati e Busento, con un amo e in cima un'esca e il motto: *Grandia ab exiguo*; sopra il fiume Crati era rappresentato il mirto, che all'improvviso s'infiammava ai raggi del sole, con la scritta: *Nec ardescit ardore*. Una *Cronaca* settecentesca riferisce che la prima e solenne adunanza dell'Accademia dei *Pescatori Cratilidi* si tenne

117 C. MARTIRANO, *Accadde a Cosenza*, cit., p. 99.

il 17 febbraio 1756; il beneplacito fu concesso da Carlo III di Borbone il 1758. Il suo fondatore Gaetano Greco, sacerdote e amico del Metastasio, cessò di vivere il 22 novembre 1764, a soli 24 anni d'età. I fratelli *Vincenzo* e *Luigi Greco* continuarono con decoro l'*Accademia dei Pescatori Cratilidi*. Principe dell'Accademia dei Cratilidi fu acclamato, il 26 agosto 1779, *Francesco Saverio Gagliardi*, canonico della cattedrale di Cosenza e maestro dell'abate Salfi. Si distinsero nell'Accademia dei Cratilidi: Domenico Bisceglia, Domenico Crocente, Vincenzo Fasanelli, Francesco Golia, Gregorio Lamanna, Alessandro Marini, Gaspare Romano, Francesco Saverio Salfi, Francesco Saverio Scarpelli, Giuseppe Spiriti, Nicola Zupi di Cerisano, Liborio Vetere. L'Accademia acquistò rinomanza, per la frequenza dei soci, per la trattazione di materie «gravi e scientifiche», per la lettura di poesie e le argomentazioni giuridiche e letterarie. Vi presero parte personaggi nazionali e stranieri e si spense per decreto governativo del 1794. Alla morte di Francesco Saverio Gagliardi (1784),[118] fu chiamato a presiedere l'Accademia dei Pescatori Cratilidi l'avv. *Raffaele Casaburi*, cui successe *Cesare Guarasci*, che fu principe per parecchi anni, «non senza lode». L'Accademia dei Costanti fu rinnovata, nel 1811, sotto il titolo d'*Istituto Cosentino*, con il numero di Soci ordinari fissato a ventiquattro; quello di Soci Onorari a quaranta; e un numero indefinito di Soci Corrispondenti e di Candidati.[119] Con rescritto del 19 gennaio 1818 il Re approvò la lista di ventiquattro soci ordinari dell'Accademia, scelti fra i *benemeriti letterati* della Provincia. Fu eletto Presidente *Vincenzo Mollo* e *Michele Bombini* divenne Segretario perpetuo. Fino al 1820 si ebbero parecchie tornate. Dopo un periodo di paralisi, l'Acca-

118 G. VOM RATH, *Un'escursione in Calabria*, Introduzione di T. Scamardi, Soveria Mannelli, Rubbettino, 2010, p. 193.

119 P. DE SETA, *L'Accademia Cosentina*, Cosenza, Brenner, 1965, pp. 203-210. L. ACCATTATIS, *L'Accademia Cosentina nei tre secoli e mezzo della sua esistenza*, Cosenza, La Lotta, pp. 18-19.

demia Cosentina riprese le attività nel 1827. Michele Bombini, nel 1829 fu elevato a Vescovo di Cassano allo Jonio. Dovette lasciare la carica accademica senza che ne fosse nominato il successore. Nel 1836, i travagli del colera imposero una sosta. Nel 1839, a premura di Vincenzo Mollo, assunse la presidenza accademica *Andrea Lombardi*, che «le prestò cure più feconde e coronate di buon successo», com'egli diceva. Accomiatatosi con un breve discorso (30 giugno 1844), alla presidenza tornò il barone *Vincenzo Mollo*; la vice presidenza fu data allora al dottore Vincenzo Colosimo e lo scrittore Luigi Maria Greco si firmò Segretario perpetuo. In quel tempo, Cesare Malpiga, venuto a Cosenza, assistette all'adunanza accademica assieme ad una «folta schiera di giovani». Nel cadere del 1849 passò a miglior vita il barone Mollo e a lui successe, come Presidente dell'Accademia, *Michele Bombini*, vescovo di Cassano, che da più anni viveva in Cosenza. Si racconta che, invitato dall'Intendente a sedere in un'altra fila, egli preferì rimanere in mezzo a due segretari: l'uno perpetuo dell'*Accademia Cosentina* e l'altro della *Società Economica*. Alla Presidenza si susseguirono: il cav. *Salvatore Mandarini, Pasquale Manfredi*, versato nell'epigrafia e nella topografia, *Camillo Landi, Lorenzo Pontillo*, arcivescovo di Cosenza. Meritarono poi la Presidenza: *Ferdinando Scaglione*, egregio teologo e dotto insegnante, *Luigi Focaracci, Sante Cardamone*, stimato latinista, *Bonaventura Zumbini*, insigne rappresentante della critica letteraria,[120] che considerava, sull'esempio della Germania, l'Accademia e la Biblioteca civica due indispensabili leve culturali. La Biblioteca Civica Cosentina aprì i battenti nella sede del Liceo classico (4 marzo 1898). Tennero i discorsi inaugurali Nicola Misasi e Luigi Fera.[121] Alla Presidenza dell'Accademia, dopo *Luigi Accattatis*,

120 B. ZUMBINI, *Discorso letto nella tornata generale dell'Accademia Cosentina*, Cosenza, Migliaccio, 1874, pp. 6-21.

121 G. PISANI, *La Biblioteca Civica di Cosenza*, Cosenza, Periferia, 1996, p. 16.

compilatore del «Vocabolario del dialetto calabrese (casilino-apriglianese)», salirono *Nicola Misasi*, che nel giudizio del figlio Mario appare «un artista dal pensiero fantasioso e sincero conoscitore dell'animo calabrese», *Stanislao De Chiara, Bernardino Alimena,* uno dei primi propugnatori della scuola critica del diritto penale, di nuovo *Stanislao De Chiara, Giuseppe Storino,* definito dall'esperto Michele Chiodo «punta di diamante della cultura cosentina»,[122] *Nicola Serra,* che soleva dire: «*Di notizie storiche, più che di critiche dispute, lo Stato nostro ha bisogno*».[123] Dopo *Tommaso Corigliano*, fu Presidente *Nicola Serra,* contro cui un velenoso attacco fu sferrato da Delfino Fazio, che lo chiamò «illustre ignoto» e attestò, nel libro *Schermaglie,* che il «mestolo» dell'Accademia Cosentina era tenuto da gente «che ha la veduta corta di una spanna». Il dott. *Amedeo Perna* fu Presidente dell'Accademia Cosentina, come risulta dal verbale del 30 ottobre 1937. Seguirono con funzione di vice presidente: Tommaso Corigliano, dal 1937, e Nicola Vaccaro, dal 1944; riebbe la carica di Presidente l'avv. *Nicola Serra*. Rivestì la Presidenza dell'Accademia Cosentina e della Biblioteca Civica *Filippo Amantea* (dal 1952 fino all'ottobre 1964). Giacinto Pisani dichiara che il proprio suocero Filippo Amantea segnò, con la sua esemplare vita di umanista, di sociologo e di erudito, «una pagina di vita calabrese».[124] Nel 1964 fu eletto Presidente l'avv. *Giuseppe Carrieri,* che assieme all'arcivescovo Aniello Calcara e a Lionello Fiumi promossero la «rinascita artistica» di Cosenza. *Mario Misasi,* docente in Clinica pediatrica, fu eletto Presidente dell'Accademia Cosentina, nel 1968, per accendere nei giovani «una vivida fiaccola di interesse e di amore».[125]

122 M. CHIODO, *Storino, intellettuale poliedrico,* ne «il Quotidiano della Calabria», Castrolibero, 3 gennaio 2001, p. 35.

123 N. SERRA, *L'Accademia Cosentina nel passato e nel presente,* Cosenza, Cronaca di Calabria, 1929, p. 22.

124 M. MISASI, *Per Filippo Amantea,* Cosenza, Rotary Club, 1964, p. 3.

125 M. MISASI, *L'Accademia Cosentina nel programma accademico,* Co-

Morì il 18 luglio 1977 a Sangineto. Il giorno dopo fu ricordato, sul «Giornale di Calabria», per la sua attività di politico, «punto di riferimento saggio ed illuminato del laicismo meridionale».

Il Presidente *Luigi Gullo,* laureato all'università di Milano in giurisprudenza (1939) e a Napoli in filosofia, docente in diritto penale, primeggiò, indossando la toga, in tutte le parti d'Italia, per il suo umanesimo e per i forti legami stabiliti tra diritto, storia e vita dell'umanità.[126] L'uomo, le vicende, le memorie di Luigi Gullo sono edite nelle *Conversazioni a Macchia,* un diario di fatti importanti, fra i quali spicca la sua presidenza dell'Accademia Cosentina dal 1977 fino al 1998.

L'avv. *Piero Carbone,* Presidente dell'Accademia Cosentina, spese per l'Accademia e per la Biblioteca Civica energia di vita interiore e dignità. Fu costretto a dimettesi per motivi di salute. Seguì alla presidenza dell'Accademia Cosentina *Ernesto d'Ippolito,* che con la sua eloquenza e fattività diffuse, coadiuvato dal Segretario perpetuo Coriolano Martirano, scrittore rinomato, le idee di libertà, di *humanitas,* di rispetto delle leggi e dei diritti dell'uomo, poiché sono le categorie più deboli «a subire ingiustizie e prevaricazioni».[127] A lui è subentrato nella carica di Presidente Leopoldo Conforti, latinista e grecista di fama, divulgatore appassionato della cultura della Magna Grecia.[128] Nel suo libro di racconti e divagazioni «*In quel tempo...al paese*», partendo dai «piccoli uomini e dalle piccole cose», stende un documento antropologico controllato dalla riflessione sul tempo («*il passato va superato, non distrutto. Conserva*

---

senza, Serafino, 1971, p. 5.

126 M. CHIODO, *L'Accademia cosentina e la sua Biblioteca. Società e cultura in Calabria 1870-1998*, Cosenza, Pellegrini, 2002.

127 R. R., *È morto l'avvocato Ernesto d'Ippolito*, in «La Provincia», a. IV (2017), n. 118, p. 5.

128 Segretario perpetuo dell'Accademia Cosentina è stato eletto *Mario Iazzolino*, docente emerito dell'Unical.

la sua importanza e dà sempre inegnamenti»)[129] e dalla rappresentazione quasi teatrale dell'esistenza a S. Benedetto Ullano. Leopoldo Conforti, colonna portante dell'Accademia Cosentina, è deceduto domenica 2 agosto 2020, all'età di 95 anni, lasciando una lezione di passione e dedizione all'umanesimo civile.

Il 14 ottobre 2020 è stato eletto Presidente Antonio D'Elia, nato il 6 aprile 1976, laureato in Lettere Classiche e anche in Filosofia, presso l'Ateneo di Arcavacata. È docente di Storia della Letteratura Calabrese presso l'Università per Stranieri "Dante Alighieri" di Reggio Calabria. Ha pubblicato numerosi libri monografici per l'Editore Pellegrini e per la Biblioteca di Sinestesie diretta dal prof. Carlo Santoli. È Preside dell'Ordine equestre del Santo Sepolcro di Gerusalemme sezione di Cosenza.

Nella sue dichiarazioni c'è l'auspicio «di portare dialogizzazione tra le varie forze istituzionali promotori principali dell'Accademia, Comune e Provincia, gli studiosi e le giovani menti per realizzare al meglio quell'Umanesimo non solo delle lettere, sognato dal Telesio, ma un Umanesimo che ponga veramente al centro l'umano e l'uomo, partendo dalle richieste culturali che sono sempre richiese ontologiche».[130]

La soluzione della crisi economica della Biblioteca civica, annessa all'Accademia cosentina, è proposta nei giusti termini di concretezza dalla cosentina Anna Laura Orrico, sottosegretaria di Stato al Ministero per i beni e le attività culturali. Con il nuovo Governo Draghi è stata sostituita nel suo prestigioso incarico.

---

129 L. CONFORTI, *In quel tempo...al paese*, Cosenza, Ed. Orizzonti Meridionali, 2019, p. 88.

130 M. GABRIELI, *D'Elia nuovo presidente dell'Accademia*, in «Parola di Vita», a. 11 (2020), n. 36, p. 7.

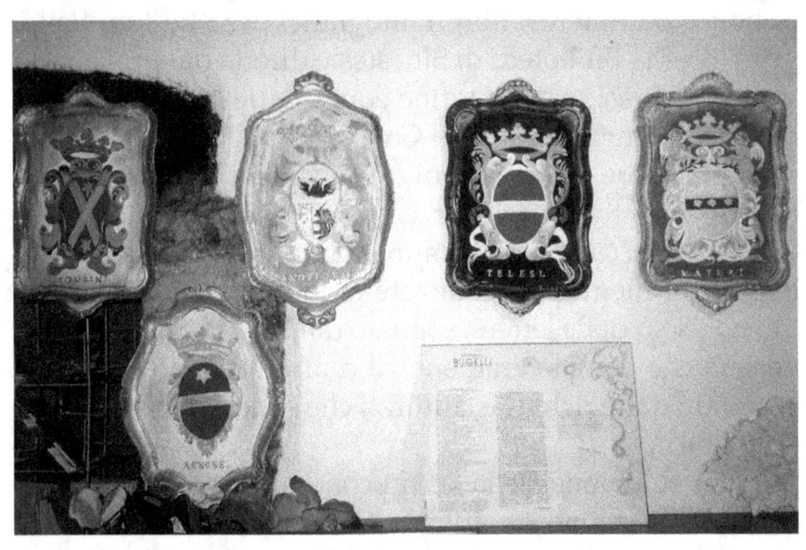

Marigilda Bugelli - Famiglie Nobili di Cosenza (stemmi)

FAMIGLIE NOBILI

Aulo Giano Parrasio, preclaro umanista, amico di Pietro Bembo, scrisse a Vincenzo di Tarsia, padre di Galeazzo nelle cui *Rime* si scopre un lessico nuovo, «che con la sua voce cosciente e originale, venata di sentimenti, costituiscono la vera novità del secolo» (Carlo Bo)[131], un'elegante epistola in cui dichiarò: «Ora, dopo l'implacabile odio dei Romani contro i Brettii fino alla vittoria crudelmente e superbamente raggiunta, fioriscono nella Brezia antiche case illutrissime per gloria delle armi e delle imprese».[132] Il recupero di un'identità «alta» per i Bruzi si ritrova in *Istoria di Cosenza* di Sertorio Quattromani, dove egli reagisce alle parole aggressive rivolte da Aulo Gellio, autore di un'ampia miscellanea in venti libri di notizie erudite, nocivo accusatore dei Bruzi. Quattromani respinse le malevoli accuse contro i Bruzi e fece notare che essi non furono i primi, ma ultimi a darsi ad Annibale. Dopo la battaglia di Canne (216 a. C.), che fu la quarta sconfitta dei Romani, gli Atellani, i Calatini, gl'Irpini, parte degli Appuli passarono dalla parte di Annibale, che si stabilì a Capua. Volle resistere all'esercito cartaginese Petelia, la piccola città di Filottete, sovrano melibeo, che fu assediata da Imilcone cartaginese e, dopo undici mesi, fu incendiata e distrutta, per la sua fedeltà a Roma. Silio Italico paragonò la catastrofe di Petelia a quella di Sagunto (Spagna). Tito Livio attesta che anche Cosenza si tenne nell'amicizia di Roma e fu presa in pochi giorni, poiché essa era stata difesa «con minore resistenza». La storia dei Bruzi, fatta di valori e costumi positivi, è anche la storia di Cosenza.[133] Quattromani, nella lettera del 18 marzo 1593 da Napoli scrisse al nipote, barone Fabricio della Valle, a Roma: «*Per gratia non vi fondate tanto su le grandezze del mondo, perché sono cose caduche e di poca fermezza. Datevi tutto allo studio et fate che più tosto si dica che voi date ornamento alle ricchezze, che le ricchezze a voi*». Scipione Mazzella riportò, nel 1601, i nomi delle famiglie nobili della città in una breve descrizione di Cosenza: «*Sono in detta città queste famiglie nobili: Abenante, Aquino, Andriotto, Aloe, Amico, Arnoni, Alimena, Arduino, Barone, Bernaudo, Beccuto, Bombino, Bonconto, Britto, Bovi, Bonaccursi, Cavalcante, Ciacci, Caputo, Casella, Cozzi, Cicala, Caroleo, Curatore, Celso, Clavelli, Dattilo, Donato, Domanico, Ferrao, Ferrao d'Epaminonda, Ferrao d'Antonello, Fera, Favaro, Figlino, Franza, Gaeta, Gaeta di Marc'antonio, Garofalo, Giannochari, Gaeli, Gioanni, Giaccino, Gadi, Longo, Longobucco, Migliarese, Marano, Monaco, Martorano, Maurello, Minardo, Moyi, Materi, Massaro, Mirabelli, Mangoni, Nero, Poglisi, Peloso, Pellegrino, Pascale, Passalacqua, Poerio, Parisi di Ruggiero, Parisi di Mario, Pantuso, Quattromani, Roccho, Ruggiero, Rangi, Ruffo, Scaglione, Spatafora, Sersale della Motta, Sersale di Guido, Sambiase, Spirito, Sirisanto, Spina, Sanfelice, Stocca, Tilesio, Tosto, Toscano, Tarsij, Tirello, Valle e altre.*[134]

Un documento significativo dell'origine di Cosenza e delle sue famiglie nobili fu pubblicato, nel 1629, nella *Descrittione del Regno di Napoli*, scritta da Enrico Bacco e ampliata da Cesare d'Engenio, dove si riferisce: *Cosenza capo dei Bruttij, edificata in mezzo della sua provincia da Bretio figliuolo di Hercole, come si legge in Dionisio Afro e da Stefano Bisantio, risiede fra sette piccioli colli, che la circondano, eccetto che per tramontana tiene una gran pianura, che per lunghezza si stende 20 miglia, ove si dice il vallo di Grati (o Crati), dal*

---

133 S. QUATTROMANI, *Istoria della città di Cosenza*, Ms 20187 della Biblioteca civica di Cosenza (BCCS).

134 S. MAZZELLA, *Descrittione del Regno di Napoli*, Napoli, Cappello, 1601, pp. 139-140.

fiume Grati, che per la parte d'Oriente nasce da sei miglia discosto dalla città e, scorrendo da tramontana per mezzo la città, si unisce col fiume Busento, che dalla parte di ponente scorre fra le sue mura e a guisa d'un triangolo si unisce col fiume Crati, dove è sepolto il corpo del famoso Alarico, Re dei Visigoti, che vi lasciò la vita. Nel 975 passarono dall'Africa gran moltitudini di Saraceni, i quali la saccheggiarono, bruciarono e uccisero tutte le persone che vi trovarono. Dipoi fu riedificata credo con le reliquie che si dovettero allora salvare, poiché per negligenza degli scrittori non si legge chi la riedificasse.

Il suo fiume Crati ha proprietà che lavandosi le donne, i capelli diventano biondi e, per contrario, il fiume Busento li fa divenire neri, e così ancora della seta, che lavandosi nell'uno diventa bianca e nell'altro fosca; laonde Ovidio nella sua Trasformazione (*Metamorfosi*, XV) così dice: *Crates et hic Sybaris nostris conterminus oris, / Electro similes faciunt auroque capillos. / Est prope piscosos lapidosi Crathidis amnes / parvus ager.*

Questa città è mai stata soggetta a barone o titolato del Regno, eccetto agli stessi Re, i quali ai loro primogeniti, ch'avevano da succeder nel Reame, davano il nome di Duca di Calabria, dove questa città è metropoli e capo, e nel tempo che Luigi XII e il Re Cattolico si divisero il Regno, toccando al Re Cattolico la Calabria e la Puglia, la fece capo e metropoli di tutte le altre, sì come narra Mons. Cantalicio, Vescovo d'Atri e di Civita di Penna nell'«Historia del Gran Capitano».

Contende il primo luogo nella dignità temporale appresso Napoli. Il suo Arcivescovado è antichissimo e al suo Arcivescovo si dà il titolo di Miseratione divina. Tiene questa città un fortissimo castello, ma senza presidio di soldati, per essere dentro terra il suo territorio è fertilissimo delle cose necessarie al bisogno della vita umana, quanto qualsivoglia altra città d'Italia.

È circondata da *ottantacinque* casali ben popolati, che

sono tutti come terre grosse, che danno una bella vista ai riguardanti, essendo il più lontano non più che dodici miglia, e sono i seguenti: Altilia, Aprigliano, Agosto sottano, Agosto soprano, Brunetta, Corte, Casignano, Celico Sopranise, Cerzito, Caldarizzi, Carpanzano, Castiglione di Cosenza, Caporesce, Chiane, Cellara, Cerno, Crepessito, Cava, Capitealo, Cuti, Casola, Crivari, Calvisi, Copani, Donnici soprano, Donnici sottano, Dipignano Vitiosi, Figline, Francolise, Franconi, Franetto, Feruci, Garno, Grupa, Grimaldo, Lappano, Lupici, Lutrignano, Motta, Minnito, Morra, Moscani, Malito, Mangone, Motta, Marsi, Macchia, Macchisi, Maglie, Motta Santa Lucia, Petrone, Pedalino; Pira, Petroni, Porciacche, Pedace, Perito, Pietrafitta Malfitani, Petrisi, Pozano, Roselle, Rovito, Rogliano Rotaspani, Santo Nicola, Santo Stefano, Santa Maria, Seretani, Santo Stefano di Mangoni, Seria, Santo Polito, Santo Nicolò, Spezzano grande, San Benedetto di Cosenza, S. Pietro di Guarano, Spezzano piccolo, Scalzato, Scigliano Diano, Serra, Turzano, Tessano, Trenta, Vicinanza, Verticelle, Yotta, Zumpano.

Da questi casali vengono ogni sabato nella città a portare e vendere le cose del vitto nel suo mercato, il quale è uno dei più celebri del Regno (...). Vi sono tre Fiere l'anno: nel mese di Marzo quella dell'Annunciata, nel mese di Luglio quella della Maddalena, nel mese di Agosto quella di S. Agostino». La Fiera dell'*Annunziata* fu accordata dall'imperatore Filippo II di Spagna con privilegio del 4 agosto 1555. La Fiera della *Maddalena,* che si svolgeva davanti alla chiesa dedicata a una delle pie donne, si faceva dal 22 luglio al 5 agosto, ossia dalla festività di Maria di Magdala a quella della Madonna della neve. È rimasta solo la grande Fiera di San Giuseppe.

Bacco disse che Cosenza era ornata di una squisita nobiltà consistente in 48 famiglie, oltre quelle estinte. Quelle che vivevano con ogni decoro di nobiltà erano.

Abenanti, Amici, Andreotti, Aquini, Ardoini, Arnoni, Bernaudi oggi Duchi della Bernauda, Bombini, Boni, Britti, Donati, Ferrai, Favori d'origine Amalfitani, Ferrari d'Epaminonda, Ferrari d'Antonello, Francia, Fera, Gaeta della Stella, Gaeta del Leone, Garofali, Giovanni, Neri, Oranghi, Parisi di Roggiero, Parisi di Tommaso, Piluso, Passalacqua, Pantusi, Pascali di Bartolo, Preti, Quattromani, Rocchi, Barrachi, Cavalcanti, Caputi, Caselli, Ciacci prima detti Contestabili, Cicali, Corati, Cava, Celsi, Dattili, Telesi, Tosti, Tirello, Toscani. Famiglie estinte di Cosenza: *Aloe, Alimeni, Beccuti, Baroni, Giannoccheri, Goffredi, Longhi, Marani, Migliaresi, Morelli, Materi, Mangoni, Monaci, Molli, Bonaccursi, Cozza, Carolei, Clivelli, Domanici, Filleni, Gadi, Giacchini, Longobardi, Martirani, Massari, Montalti, Sambiasi, Sersali della Motta, Sersali di Guido, Scaglioni, Spiriti, Schinosi, Spatafora, Stocchi, Spina, Tarsia, Mirabelli, Manuardi, Poeri, Pollisi, Pascali di Giacomo, Pellegrini, Plandedi, Santangioli, Sanfelici, Sirisanti, Tarsia della Motta, Valle e altri*».[135]

Il manoscritto settecentesco *Notamento di scritture della Nobile città di Cosenza esistenti nella sede di vari Notari delle medesima*, che si conserva nella Biblioteca Civica di Cosenza, enumera le famiglie nobili di Cosenza secondo l'ordine alfabetico tenuto da Fabricio Castiglione Morelli «per non usurpare il primato col quale i nobili sono chiamati ai pubblici comizi».[136]

1. *Abbenanti*, la quale (famiglia) venne in questa città dalla terra di Corigliano e fu ammessa al sedile di Cosenza nell'anno 1555.

2. *Andreotti*, che dalla terra della Regina venne in

135 E. BACCO, *Nuova e perfettissima descrittione del Regno di Napoli*, Napoli, Scorriggio, 1629, pp. 125-129. Matteo Egizio (Napoli 1674-1745) ricordava che la città di Cosenza godeva di nobiltà veramente preclara e antichissima e si diceva convinto che «è massima del diritto, che la Nobiltà prende la sua misura ed affezione dalla particolare costituzione della città».

136 F. CASTIGLIONE MORELLI, *De Patricia Consentina Nobilitate*, Venezia, Albricio, 1713.

questa città e fu aggregata nell'anno 1558.

3. *Aquini*, che vennero dalla terra di Mendicino e fu aggregata in qualità di Regio Notaro, mutando il nome di Anici in Aquini.

4. *Barracchi*, venne dal Casale di Dipignano in essa città, e come dottore fu aggregata nel sedile.

5. *Bombini*, del Casale di Paterno, venne in Cosenza e il primo che si portò ad abitare fu Notar Nicolò Bombini primo discendente, lo che ancora appare dal cap. 53 di Berardino suo figlio, che nell'anno 1551 si fermò in questa città in occasione della divisione dei beni di Rinaldo, eredi con lui del fu (quondam) Notar Nicolò, ch'erano Bernardino, Pietro, Cesare e Carlo Bombini tutti discendenti da Natale Bombini di detto Casale di Paterno.

6. *Caselli*, della città di San Marco venne in Cosenza, ed era nell'anno 1631 di questa sentenza, che può leggersi nel consiglio 86 del Reggente Rovito.

7. *Castiglione Maurelli*, venne dal Casale di Rogliano, col solo cognome di Castiglione, un tale mastro Nicolò Castiglione, il quale ai pubblici incanti prese a fare il condotto sotterraneo dell'acqua stagnante della Piazza Grande davanti la Chiesa Cattedrale e che appestava la città ed abitanti in tempo di estate, sino alla di lui bottega a proprie sue spese e nell'anno 1332 con la cittadinanza acquistò per tale opera la franchigia, e tutto ciò si ricava dagli atti della Regia Camera (...). Ed indi si usurparono i di lui discendenti l'altro cognome Maurelli, scrivendone per sostegno di tal franchigia Berardino Bombino il consiglio.

8. *Cavalcanti* venne dal Casale delli Donnici non costatandosi da nessuna autentica scrittura la tradizione preziosa di esser pervenuta in Calabria dalla città di Firenze. E si deve notare che Carlo Cavalcanti fu sfrattato dalla terra di ordine di quel Barone, o sia Cropalati, che era D. Scipione Badulati.

9. *Contestabile Ciaccio*, venne dalla città di Barletta col

cognome di Contestabile, solo per la differenza avuta con la famiglia Marra, che passò nella capitale di Napoli, come dal libro dei Privilegi di detta città fol. 38. Il cognome di Contestabile significa capo di squadra al dire di Giovan Battista Spinelli nel suo trattato dell'Arte di comporre lettere italiane par. 4 n. 32 fol. 182 (...). E l'altro cognome di Ciaccio fu imposto a Geronimo Contestabile; si legga Engenio nella sua Istoria del Regno di Napoli, fol. 219.

10. Curati venne dalla terra di Santo Lucido in Cosenza in qualità assai misera.

11. Dattili. Un ramo di questa famiglia venne dal Casale di Spezzano Grande e l'altro dal casale di Pedace; e passarono in questa città aggregati nella Piazza degli Onorati cittadini, ed indi alla Nobiltà in tempo di D. Quadra, assieme con altre famiglie; si legga in Cons. 63 del cit. Berardino Bombino, ed ancora il Cons. 68.

12. Ferrai, venne dalla terra di Maida di Calabria Ultra in qualità assai miserabile.

13. Ferrari di Epaminonda venne dalla terra di Acri. Si legga Pref. Leti nella vita del Duca di Ossuna tom. 2 lib. 3 fol. 382.

14. Ferrari di Antonello, venne dal casale di San Pietro di Taverna in Calabria Ultra, assai miserabile.

15. Francia, venne dalla città di Monteleone (Vibo V.) in Calabria Ultra.

16. Gaeta della Stella venne da Napoli con commodo.

17. Gaeta del Leone, venne dalla terra di Castrovillari.

18. Garofali, venne dal Casale di Rogliano.

19. Longhi, venne dal Casale delli Scalzati, ed il primo che fu aggregato al Sedile, si fu il Dr. Sebastiano Longo nell'anno 1558.

20. Mangoni, venne dal casale di Dipignano; e per il significato del cognome si legga Geronimo Mercuriale nel lib. 2 delle varie Lezioni (...) ed ancora Svetonio in Augusto cap. 69, riferito da Anneo Ruberto lib. 4.

21. *Marani,* venne dalla terra di Cerisano. Si legga la dotta allegazione impressa nell'anno 1744 in nome di D. Antonio Rossi.

22. *Matera,* venne dalla città di Matera, da dove il Dottore fisico Eustachio De Matera scrisse in versi la virtù dei bagni di Pozzuoli; si legga Engenio nel Regno di Napoli fol. 150.

23. *Merendi,* venne dal Casale di Paterno.

24. *Migliaresi,* venne dal casale di Rovito.

25. *Parisi,* venne dal casale di Figline da dove Paolo Parise l'anno 1480 si portò in questa città, e fu fatto Mastro Giurato benché estero e non imbossolato. Si leggano i Privilegi di Cosenza fol. 32.

26. *Pascali* fu famiglia ebrea, fatta cristiana.

27. *Passalacqui,* venne dalla città di Squillaci.

28. *Preti* venne dal casale di Tessano, ed il primo che fu ammesso nel Sedile, si fu il Dr Geronimo Preti nell'anno 1580.

29. *Quattromani,* venne dal Casale di Aprigliano.

30. *Rossi,* venne dal casale di Spezzano piccolo.

31. *Sambiase* dalla terra di Castrovillari venne in questa città, e fra tutti i forestieri è stata la più fortunata.

32. *Scaglione* venne da Martirano, benché la sua origine sia dalla città di Aversa, si legga Grammatico decis. 33-34-35 e 38. Schinosi spetta a Molfetta di Puglia, ove non gode nobiltà giusto fa certo D. Giuseppe Lumaga nel Teatro della Nobiltà di Europa fol. 133.

33. *Schinosi,* venne dalla città di Molfetta di Puglia, ove non gode nobiltà giusto D. Giuseppe Lumaga come sopra.

34. *Serisali,* venne dalla città di Sorrento.

35. *Spadafora,* venne dalla terra di Rose, prima col nome di Guglielmi.

36. *Spiriti* è questa originaria di Cerenzia (...). E sebbene si pretenda avere l'origine dalla città di Viterbo

per l'autorità delli Monaldeschi nelle Croniche di Orvieti nell'anno 1445, pure si sa che in detta città di Viterbo sussistono le famiglie Spiriti (...).

37. *Stocchi*, venne in questa città dal Casale di Scigliano.

38. *Tarsia* venne dalla terra di Mendicino.

39. *Telesi*, venne dal Casale di Figline per la grandezza della quale si noti la decisione 86 del Reggente Rovito.

40. *Tirelli*, venne dal Casale di Casole.

41. *Toscani*, venne dal casale di Rogliano, ove ancora sussiste un ramo.

42. *Tosti*, venne in questa città dal Casale di Rovito.[137]

---

137 Anita Sofia Frugiuele, nel saggio *I Frugiuele di Cosenza* (Estratto da "Araldica Calabrese" 2010), rivendica l'iscrizione nella prima metà del '500 della sua famiglia (da non confondere con i Furgiule), al Sedile degli Onorati cittadini ed esibisce lo stemma bronzeo, che è «d'azzurro alla croce del Calvario al naturale su un monte e accostata da tre stelle d'argento, due ai lati della croce e una in cuore al monte».

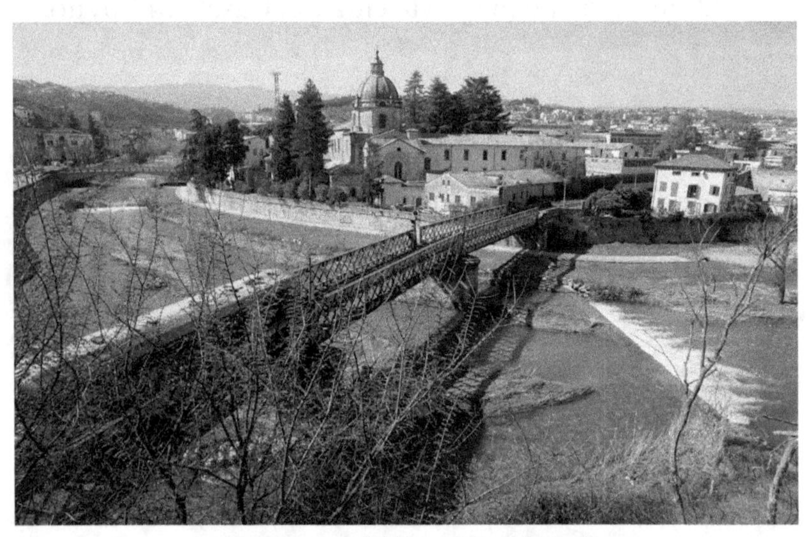

Confluenza del Busento nel Crati

PALAZZI GENTILIZI

Cosenza fu definita nel 1525 da Leandro Alberti molto nobile, ricca e onorevole città. Nel 1639, Girolamo Sambiasi fece una descrizione concisa di Cosenza, dei suoi palazzi e delle case «ben adagiate, fabbricate assai nobilmente».[138] Emilio Tarditi chiarisce i caratteri originari del popolo cosentino e della città che *non fu mai infeudata,* anzi fra le città del Regno di Napoli «fu quella che si impose per la sua autonomia e, ancor prima, si distinse per l'istituzione del Sedile dei Nobili».[139] Non sono poche le abitazioni cosentine sontuose, di notevoli dimensioni e dignità architettonica, che nel centro storico versano in uno stato di semi-abbandono. Quelle pietre tuttavia sono una traccia duratura di bellezza e di gloria densa di polvere e di storia, «metafora di una condizione esistenziale».[140]

Palazzo Tarsia, in via Gaeta, di chiaro stampo tardo rinascimentale,[141] fu decorato a spese del barone di Belmonte come ricordava un'iscrizione latina nel cortile dell'edificio, che nel corso dei secoli ha subito gravi manomissioni: «Questa casa Tiberio di Tarsia signore di Belmonte e di al-

138 G. SAMBIASI, *Ragguaglio di Cosenza e di trent'una sue nobili famiglie - Historiae urbium et regionum Italiae rariores,* Napoli, Lazaro, 1630; Ripr. anast. Bologna, Forni, 1969.

139 E. TARDITI, *Paesaggi e storia in Calabria. Cosenza, luoghi e identità,* Cosenza, Pellegrini, 2017, p. 99.

140 B. FIORIGLIO, *Questa città è la mia città,* in L. CIPPARRONE - B. FIORIGLIO - E. ANSELMO, *Cosenza, una città antica, presentazione di Tobia Cornacchioli,* Cosenza, Le Nuvole, 1997, p. 50.

141 G. DE MARCO, *Cosenza cinquecentesca nella carta della Biblioteca Angelica,* Cosenza, Due Emme, 1992.

tri oppidi restaurò e con teste e con erme decorò nell'anno del Signore 1557». Sul prospetto anteriore è il portale d'ingresso in pietra tufacea con larga arcata a fasce su piedritti e con due clipei che fra festoni di fiori e frutta hanno due busti identificati con Marte (a sinistra), dio della guerra, e Minerva, dea della sapienza, che ha l'elmo in testa per assumere carattere guerriero e di protettrice di città. Un terzo busto, in un medaglione dell'atrio asimmetrico alla facciata, rappresenterebbe il committente dell'edificio, Tiberio di Tarsia, che nel suddetto anno sposò in seconde nozze Ippolita Carafa. Tiberio morì a Napoli nel 1570. Suo fratello, il poeta Galeazzo di Tarsia (Napoli, 1520-1553), autore d'un breve *Canzoniere,* fu barone di Belmonte e marito di Camilla Carafa (sorella del conte di Mondragone). La facciata posteriore del palazzo è rivolta verso il fiume Crati. L'edificio è denominato volgarmente «casa di Pilato» per la ragione che i *Bruttii* (Bruzi) furono al servizio del procuratore romano di Giudea (23-36 d. C.), passato alla storia come simbolo di colpevole disimpegno. Il suo gesto fu proverbialmente quello di persona irresponsabile.[142]

Palazzo Gaeta, in via Gaeta, di «sobria architettura secentesca», ha un portale sormontato dallo stemma privo delle immagini e annerito.[143] La descrizione è la seguente: «inquartato nel primo e nel quarto di argento al Leone di porpora, nel secondo e nel terzo di rosso».[144] Le finestre presentano cornici di coronamento. *Palazzo Cosentini,* ubicato tra via Abate Salfi e vico San Tommaso, ha nel prospetto due balconi con stipiti e mensole in pietra. La ringhiera

142 Pilato si fece portare un catino d'acqua, si lavò le mani davanti alla folla che reclamava la morte di Gesù, ed esclamò: «Sono innocente del sangue di questo giusto»; dopo di che lo fece flagellare e lo consegnò ai soldati perché fosse crocifisso.

143 A. FERARRO, *Stemmi nobiliari a Cosenza*, Cosenza, Le Nuvole, 2004, p. 39.

144 VARI, *Passeggiando per i vecchi quartieri. Mostra bibliografica*, Soveria Mannelli, Rubbettino, 1996, p. 47.

è in ferro battuto. Nel 1860 fu sede del Comitato centrale insurrezionale di Calabria Citra. *Palazzo Campagna,* in vicolo della neve, utilizzata per sorbetti e bevande estive, fu proprietà di Giuseppe Campagna. Nato a Serra Pedace, amico di Basilio Puoti, fu presidente dell'Accademia Pontaniana di Napoli. Scrisse tragedie classiche di contenuto storico e quattro canti dell'*Abate Gioacchino,* in terzine dantesche. Morì a Langenschwalbach (Prussia), nel 1868, all'età di sessantanove anni.

Palazzo Giannuzzi Savelli fa spicco fra quelli che animano il centro storico. È sito in via del Seggio da cui uscivano gli Eletti del Popolo e dei Nobili, ossia le speciali deputazioni che si dicono assessorati. Il Sedile o Seggio della Nobiltà, collocato sul lato sinistro della Cattedrale, era costituito da un portico quadrato, con cancelli di ferro. A uno dei lati aveva una sala chiusa per le riunioni,[145] dove si radunavano i maggiori notabili e anche i cittadini per semplice intrattenimento. Il Sedile era costituito da due Parlamenti: il Grande, a cui partecipavano tutti i Nobili, e il Piccolo, formato dal Sindaco e sei Eletti dal Popolo. Il Parlamento della città si radunava al suono delle campane oppure del corno del banditore, ed era aperto liberamente al pubblico. Il regio Ministro presiedeva le sedute. Dal 1681, il Sedile divenne chiuso. I Sedili della Nobiltà furono soppressi con la legge del 1805 che abolì la feudalità. Il palazzo Giannuzzi Savelli ha il portale in pietra di tipo catalano, sormontato da uno stemma con fasce d'oro accompagnate in capo da tre stelle a sei punte. Nell'interno è il cortile con una fontana; interessante è anche la scala munita di ringhiera in ferro battuto.[146] *Palazzo Andreotti Loria* ha un portone durazzesco che forse era l'accesso al Seggio cosentino. Si trova di fronte al portale della cattedrale.

---

145 B. CROCE, *Aneddoti di varia letteratura,* I, Bari, Laterza, 1953.

146 M. BORRETTI, *Le strade di Cosenza. Saggio di toponomastica storica,* Cosenza, Tip. Chiappetta, 1951. Negli splendidi saloni è stato girato il film su Giuseppe Moscati, medico santo di Napoli.

Palazzo Tropea, sito in via del Seggio, presenta nella facciata un elegante balcone con piedritti e trabeazioni in pietra e un davanzale con ringhiera curvilinea in ferro battuto, databile tra il Settecento e l'Ottocento.

Palazzo Compagna, nelle vicinanze del Duomo, costruito nel XVI secolo, divenne nel Seicento proprietà dei Tarsia. Nell'edificio si riunirono i seguaci dell'eretico Valentino Gentile, che mandato al patibolo si dichiarò «natione italus, patria consentinus», anche se gli storici sostengono ch'era nato a Scigliano casale di Cosenza. Il palazzo, nella prima metà dell'Ottocento, passò ai baroni Compagna di Corigliano. La facciata è attraversata da due lunghe cornici in pietra, interrotte da molteplici balconi. In un corpo sfalsato, il portone ad arco è sormontato dallo stemma nobiliare con punte della Croce dei Cavalieri di Malta.[147]

Palazzo Cicala, detto *palazzo Arcivescovile,* in piazza Aulo Giano Parrasio, fu edificato nel secolo XV e ceduto nel 1523 all'arcivescovo di Cosenza Giovanni Ruffo Teodoli, sotto il quale a Cosenza furono fondati il monastero dello Spirito Santo per le Domenicane e quello delle Vergini per le Cistercensi.[148] A pianta quadrangolare, chiuso da poderose mura a scarpata, s'impostava, con una particolare abilità ingegneristica, su una superficie di forte dislivello.[149] Nella piazza antistante, sistemata su progetto dell'ingegnere Pascale (1843), si tenne per anni il mercato degli arnesi di ferro prodotti o riparati dai fabbri del luogo o dei dintorni.

---

147 Il 17 agosto 2017 ha subito un incendio in cui tre persone hanno perso la vita.

148 E. GABRIELI, *Cronotassi degli Arcivescovi di Cosenza,* i quaderni di Parola di Vita n. 12, 2016, pp. 53-54. Nel 1578 nel palazzo trovarono ospitalità i Padri Gesuiti in attesa di più stabile sistemazione. Nel periodo di dominazione francese esso venne adibito ad Intendenza della Provincia di Cosenza (1811). Rientrati i Borboni, l'edificio fu ristrutturato.

149 M. P. PONTI, *Itinerari guidati del Centro storico,* Cosenza, Zefiro, 1990, p. 20.

Palazzo Cavalcanti, che s'affaccia su Corso Telesio, ha un portale in pietra tufacea con arco a tutto sesto. Fu menzionato dal padre gesuita Giuseppe Camerota come «casa delli Parisi» passata, probabilmente nel 1595, alla famiglia dei Cavalcanti, che secondo l'attestazione di Bernardino Martirano «vennero da *Fiorenza*». L'edificio fu restaurato e ingrandito nel 1772, come documenta l'iscrizione della lapide posta sul portale d'ingresso: *Daniel de Cavalcantibus restauravit et auxit anno DCCLXXII*. L'arma dei Cavalcanti, in marmo bianco, è «una moltitudine di gelsomini aperta a modo di croci che riempiono un campo rosso» (G. Sambiase 1693). Il fiore del gelsomino rappresenta la gentilezza. Le eleganti paraste agli angoli (una s'affaccia su corso Telesio e l'altra su via Liceo) sviluppano un linguaggio tardorinascimentale introdotto in Cosenza dall'attività del Mormando, organaio e architetto di Mormanno.[150] In un atto notarile del 1803, è registrato l'acquisto, sotto il palazzo di Don Antonio Cavalcanti, di «una bottega di sorbetto, caffè, dolci, rosoli ed altro», che passò alla famiglia Gallicchio e, per eredità matrimoniale, ai Renzelli, che tuttora detengono lo storico Bar. Sulla destra del palazzo Cavalcanti è la *calata della corda*, che evoca la forma della strada e non l'impiccagione dei malfattori o la leggendaria fuga d'amore di un'educanda per mezzo d'una corda appesa ad una finestra o al muro del giardino del monastero delle Vergini.[151]

Palazzo Gervasi, edificato nel secolo XV in via Cafa-

---

150 F. P. DODARO, *I Palazzi raccontano. Guida alle dimore storiche dell'antica Cosenza*, Cosenza, Pellegrini, 2015, p. 41. Matilde Serao fece cenno del Bar Gallicchio in un biglietto inviato a Nicola Misasi scrittore cosentino: «Per te Nicola nostro, noi abbiamo amato il Vallone di Rovito, e il Busento, e la piccola Amantea, e la simpaticissima Cosenza con il suo caffè Gallicchio, amico nostro indimenticabile».
151 E. STANCATI, *Cosenza. Toponomastica e monumenti*, Cosenza, Edizioni Brenner, 1979, p. 80.

rone, che fu un quartiere giudaico,[152] presenta un elegante androne con volta decorata da stemma gentilizio e una cappella con stucchi e dorature all'interno dello stabile. Vi dimorò Giuseppe Gervasi alias capitano Peppe, capo della rivolta popolare a Cosenza (1647) contro i Nobili, che avevano tenuto nascosto il dispaccio vicereale, per non applicare gli sgravi fiscali e mantenere i propri privilegi.

Palazzo Sersale, volgarmente detto *palazzo Telesio*, nella Giostra nuova, fu edificato da Pompeo Sersale nel 1592, come si rileva dall'iscrizione sotto lo scudo.[153] L'androne, fiancheggiato da sedili in muratura, è coperto da una volta a botte, sulla quale è dipinto un secondo stemma gentilizio. L'edificio appartenne anche alla famiglia Spiriti e a quella Telesio, che vi dimorò negli ultimi tempi.[154]

Palazzo Passalacqua, proprietà di Valerio Mangone, passò nel 1590 al barone Fabio Passalacqua, che lo comprò per milleottocento ducati. La facciata cinquecentesca ha due portali d'ingresso impostati su archi a tutto sesto, che poggiano su piedritti a base rettangolare. Nel centro del giardino una grande fontana era alimentata dalla fonte Paradiso. Vi alloggiò splendidamente, nel 1806, Giuseppe Bonaparte, fratello di Napoleone.

Palazzo de Matera, in via Antonio Serra, attribuito alla mano di Francesco Donadio, detto il Mormando (1449-1530), primo architetto del regno di Napoli, propone un portale d'ingresso con arco sormontato dallo stemma centrale raffigurante un elmo e una benda con tre conchiglie, su cui è incisa l'epigrafe: «Geronimo Lemo alias Matera, patrizio cosentino, edificò per sé e per gli amici nel 1520» (*Hieronimus Lemus alias Matera patricius Consentinus sibi suisque amicis MDXX*). L'anno seguente Leone Filippo Ma-

---

152 A. SAVAGLIO (a cura), *Guida turistica di Cosenza*, Cosenza, Stabilimento tipografico De Rose, 1991, p. 30.

153 D. MIRAGLIA, *I portali di Cosenza*, Rotary Club Cosenza Telesio, Michele Falco, 2012.

154 R. CIACCIO, *Famiglie e denaro*, Cosenza, Le Nuvole, 2001, p. 17.

tera, gran cancelliere del Regno di Sicilia, fu vescovo di Martirano. Altri due stemmi laterali identici hanno clipei con festoni floreali. *Palazzo del Contestabile Ciaccio,* in via Archi di Ciaccio, all'ingresso del quartiere Portapiana, contraddistinto da un'imponente mole con una bella facciata con due arcate ed elementi di un terzo arco aragonese del secolo XV. Fu sede del *primo Sedile dei Nobili* di Cosenza e del Baglivo, dove si amministrò la giustizia fino alla metà del secolo XVI. Rappresentò il primo abuso edilizio cittadino.[155] *Palazzo de Falco,* in via Gaetano Argento, fu acquistato da Giovanni Battista Cava (1776). Presenta all'interno un'elegante scala settecentesca. Ha un bel giardino terrazzato.[156] *Palazzo Martino* si trova di fianco a quello delle sorelle De Falco.

Palazzo Sersali, edificato di fianco al monastero di S. Maria delle Vergini, con portale bugnato, rappresenta certamente «la più bella testimonianza del Rinascimento cosentino»,[157] «esibendo caratteri e modi che coniugano motivi tardo gotici con quelli innovativi, di derivazione toscana».[158] L'arco del portale è in stile durazzesco con finestre decorate in tufo e modanatura catalana. Nella riquadratura piccola del portale è lo stemma su lastra di marmo con uno scudo ed epigrafe latina: *Numquam tarda fuit mei officii cura. Caspar Serisalis Sellie dominus a fund. me fecit factamque conservavit MCCCCLXXXXIII.* («Non fu mai tarda la cura del mio dovere. Gaspare Sersale, signore di Sellia, mi fece dalle fondamenta ed edificata conservò nel 1493»). Vi soggiornò Carlo V d'Asburgo tornando dalla vittoriosa impresa di Tunisi. L'imperatore, che aveva ere-

155 C. BRIA, *Cosenza. Pietre vive,* Trebisacce, Tip. Jonica, 2002, p. 60.

156 Divenne nell'Ottocento proprietà della famiglia de Falco, che originariamente proveniva da Rotonda in Lucania.

157 G. E. RUBINO-M. A. TETI, *Le città nella storia d'Italia. Cosenza,* Bari, Laterza, 1997, p. 35.

158 R. FIORDALISI, *Telesio nella sua Cosenza,* Cosenza, Edizioni Orizzonti Meridionali, 2011, p. 136.

ditato la corona di Spagna dalla madre Giovanna la Pazza, entrò nella città (7 novembre 1535) per Portapiana, stupito per le accoglienze dei cittadini di Cosenza, «Brutiorum Metropolis», e per i magnifici e numerosi apparati di festa. L'imperatore aveva un abito e un cappello di velluto nero, cavalcava un cavallo leardo. Giunto alla cattedrale, vi trovò un sedile di broccato. Il sostituto dell'arcivescovo Taddeo Gaddi gli fece baciare una *crocetta d'oro*.[159]

Palazzo Falvo, in vico G. Argento, fu sede dell'arcivescovado fino a quando essa fu trasferita a palazzo Cicala. La facciata presenta un portale di tufo bianco in stile durazzesco-catalano.[160] Una scala mette al pianerottolo su due campate di volta, sorrette da mensole pensili del secolo XV. In un dipinto seicentesco lo stemma della famiglia Falbo raffigura un'araba fenice che fissa il sole dorato. Nel cortile è situata «una delle più antiche fontane di Cosenza». Il portone di legno a due battenti risale al Settecento.

Palazzo Palazzi, sito in via Biagio Miraglia, costruito tra la fine del Quattrocento e l'inizio del Cinquecento, fu dapprima proprietà dei Castiglione Morelli e in seguito fu ceduto alla famiglia Palazzi. Il portale d'ingresso ha un arco in pietra di tufo a tutto sesto, racchiuso da una cornice bombata che poggia su due capitelli ornati da maschere tragiche. La pregevole finestra laterale del secolo XV presenta mensole con raffigurazioni zoomorfe. L'edificio fu in parte rifatto dopo il terremoto del 1683.

Palazzo Vercillo, accanto alla Casa Palazzi, ha un grazioso giardino.

Palazzo Orsomarsi, in via Padolisi, è un palazzo enorme, a cinque piani, in stile barocco. Detto anche «casa De Martino», ospitò famiglie appartenenti a diversi ceti socia-

159 Prima di partire per San Mauro, casale proprietà di Pietrantonio Sanseverino, principe di Bisignano, Carlo V ricevette dai Sindaci della città con quelli dei Casali un dono di tremila scudi in un bacile d'argento.
160 M. BORRETTI-R. BORRETTI-G. LEONE, *Cosenza e la sua Provincia*, Cosenza, MIT, 1998, p. 51.

li. Il portale principale è ad arco tondo e liscio. L'interno è sormontato da una volta in pietra; le scale di accesso ai piani superiori sono in tufo. I balconi, decorati da fasce in stucco a «ricciolo», hanno le ringhiere a ventriera in ferro battuto.[161]

Palazzo Maria Greco è all'inizio dell'ampia strada della Giostra Vecchia, «vera anima della Cosenza rinascimentale».[162] La giostra rammenta il duello tra cavalieri o gli esercizi ginnici che gli antichi tenevano nei siti aperti, ma giostra qui sta a significare «piazza».

Palazzo Grisolia, in via Giostra Vecchia, risale al secolo XIX. È in stile neoclassico. Ha un severo e maestoso portale in pietra scanalata e finestre abbellite da cornici in pietra decorate con motivi floreali. Quattro tozze colonne a tutto tondo sorreggono un lungo balcone del piano nobile con inferriata geometrica. All'interno il cortile quadrangolare è ingentilito da due logge sovrapposte.[163] *Palazzo Caselli,* in vico 2° Giostra Vecchia, edificato nel Basso Medioevo, subì radicali e decisivi interventi nel Cinquecento, quando divenne proprietà della famiglia Caselli di Rossano, iscritta nel 1565 al Sedile di Cosenza.[164] Sulla facciata dell'edificio, uno dei più belli della Cosenza cinquecentesca,[165] a più corpi di fabbrica variamente stratificati, v'è un portale di pietra lavorata, con arco a tutto sesto con stipite in tufo. L'androne porta nella volta a botte un affresco con lo

---

161 GRUPI DI STUDIO DEL LICEO CLASSICO "B. TELESIO", *Il centro storico di Cosenza. I. Sezione artistica*, Soveria Mannelli, Calabria Letteraria Editrice, 1990, p. 98.

162 M. R. FAZIO, *Cosenza. Itinerari nel centro storico*, Guida edita dall'Amministrazione comunale di Cosenza.

163 L'edificio riportò alcuni danni per il terremoto del 1905. Davanti al palazzo fu costruito il Teatro Grisolia, dotato di ampia platea e di tre file di palchetti, come afferma Amedeo Furfaro.

164 F. TERZI - S. VECCHIONE - F. COZZETTO, *Palazzo Caselli*, Cosenza, Tip. Satem, 1986.

165 AA. VV., *Cosenza. Guida storico-artistica*, Cosenza, Legenda, 2000, p. 102.

stemma d'un grifone d'oro in campo cilestro, emblema di potenza e vigilanza. Il cortile ha un loggiato munito di colonne scanalate e, sotto di esso, sono tre arcate su bassi piedritti, che consentivano l'accesso alle stalle e ai magazzini. Una piccola scala in pietra è coperta da una volta adornata di affreschi raffiguranti scene del mito di Dedalo e Icaro. Al piano nobile gli affreschi del soffitto sono andati perduti a causa d'un incendio doloso. L'edificio è stato concesso all'Università della Calabria.

Il palazzo Bombini, in via Giostra Vecchia, è considerato uno dei più belli e rappresentativi del centro storico. L'edificio ha un grande portale, un androne del secolo XVI che immette nel giardino pensile (del secolo XIX), movimentato da «una stupenda scalinata».[166] Fu riedificato nel Seicento da scalpellini di Rogliano. Fu dimora di Paolo Bombini, che nei moti del 1647 fu inviso al popolo.

Palazzo Sambiasi, con il portale e stemma di famiglia, ha all'interno cornicioni, decori e archi pieni risalenti alle strutture del secolo XV.

Palazzo Vaccaro, che ha l'atrio in comune con l'edificio Sambiase, presenta tre «arcate» abbassate su grossi pilastri. Fu costruito nel secolo XV. La porta d'ingresso con arco a pieno centro è collocata in una cornice a riquadro. Nell'elegante cortile si trovano un pozzo e una vasca del secolo XV. Una lapide murata, con iscrizione dettata da Bonaventura Zumbini, ricorda il soggiorno in Cosenza di Francesco de Sanctis (ottobre 1849-dicembre 1850). Il critico irpino sfuggiva alla giustizia per aver partecipato a Napoli con i suoi allievi del Collegio militare della Nunziatella ai moti del maggio-luglio '48 e si procacciava «mezzi alla vita» dando lezioni ad Angelo Guzzolini, che asserì: «Eravamo in due o tre ad ascoltarlo, ma pareva che parlasse davanti a mille; e a noi pareva in mezzo a mille di essere».

166 F. ALIMENA (a cura), *Cosenza una città in tasca!*, cit., p. 64.

Palazzo Serra, in via Archi di Sambiase, ha una facciata con due arcate ad arco abbassato ed elementi d'un terzo arco di tipo aragonese (sec. XV).[167] Sulla porta c'è lo stemma che raffigura una sega dentata (*serra*, in dialetto calabrese), «posta in banda accompagnata in capo da una stella (a sette punte)», e tre balconi con decorazioni in pietra e ringhiere a ventriera.[168] Fu forse la casa di Antonio Serra, che scrisse nel carcere della Vicaria un *Breve trattato delle cause che possono far abbondare li regni d'oro e argento dove non sono miniere, con applicazione al regno di Napoli* (1613).[169]

Palazzo del Gaudio, in salita Motta, alle pendici del colle Pancrazio, ha un prospetto settecentesco con scudo in marmo scolpito e alcune finestrelle di ammezzato dotate di modanature. Vi alloggiarono il sanfedista Panedigrano (1806) e il generale Manhès (1813), chiamato da Gioacchino Murat a combattere i Carbonari di Calabria e soprattutto il «brigante» Capobianco.

Palazzo Martirano, nel quartiere dello Spirito Santo, edificato alla fine del secolo XV, fu originariamente utilizzato come convento. Nel secolo successivo, l'intero complesso fu acquistato dalla famiglia Martirano. L'ingresso principale con arco in pietra cinquecentesco mette in un

---

167 A. FRANGIPANE, *Elenco degli edifici monumentali LVIII-LX Catanzaro-Cosenza-Reggio Calabria*, Roma, Libreria dello Stato, 1938, p. 101.

168 C. MARTIRANO, *Accadde a Cosenza*, Cosenza, Klipper Edizioni, 2007, pp. 105-107.

169 B. CROCE, *Storia del regno di Napoli*, Bari, Laterza, 1972, p. 127. Il mercantilista e primo fondatore della questione meridionale analizzò gli elementi che determinano l'abbondanza dei fattori produttivi in un paese e dimostrò che il saldo attivo della bilancia commerciale e, quindi, di quella dei pagamenti, dipende da un regolare funzionamento del sistema economico. Benedetto Croce osservò che se l'indagine di Antonio Serra «fosse criticamente condotta, potrebbe giungere alla conclusione che il possesso del regno di Napoli fu per la Spagna un accrescimento di potenza politica, e più ancora di prestigio, e un punto d'appoggio militare, tutto sommato, una passività economica» per il regno di Napoli, che, caduto nelle braccia della Spagna, la meno capace di avvivarne la vita economica, accumulò miseria e il difetto di attitudini industriali e commerciali.

androne che sbocca nel cortile, dove due ripide scalinate conducono rispettivamente alle due ali del palazzo. Il secondo ingresso aveva una «porta della morte», dalla quale si facevano uscire in segreto i monaci defunti. Un'ala dell'edificio è stata abitata dal popolare scrittore Coriolano Martirano fino all'ultimo giorno della sua vita (2 marzo 2019). All'interno del cortile c'è una fontana del 1901.

Palazzo Arnone di colore rossastro attenuato da quello dorato del tufo, sorto sul colle Triglio nel 1523, appartenne a Don Bartolo Arnone. Divenuto dal 1588 sede della Regia Udienza, fu adibito poi ad abitazione dei Presidi di Calabria Citeriore e ad Archivio Generale di Giustizia. Subì nel 1734 e nel 1747 gravi incendi. Ospitò il Tribunale dove si tennero molti processi politici, fra cui quello dei Fratelli Bandiera (1844). Il terremoto del 1854 rovinò il terzo piano, che non è stato più ripristinato. Il piano inferiore divenne sede delle carceri degli indiziati e il secondo piano sede del Tribunale di Cosenza. È attualmente adibito a Galleria Nazionale d'Arte.

Palazzo Salfi, nel quartiere delle Paparelle, fu costruito nell'Ottocento e trasformato in Villa pompeiana da Errico Salfi. L'edificio è stato restaurato e la piazzetta antistante è impreziosita da opere d'arte su commissione dell'arch. Mario Occhiuto.[170] *Palazzo del Governo*, in piazza XV Marzo, è sede dell'Amministrazione Provinciale di Cosenza.

Palazzo della Cassa di Risparmio, in corso Telesio, è sorto nell'area del demolito palazzo Jacucci.

Palazzo della Biblioteca Civica e *dell'Accademia Cosentina* occupano in parte la dismessa chiesa dell'ex monastero di Santa Chiara. *Palazzo della Biblioteca Nazionale* ha l'ingresso principale sulla piazzetta Antonio Toscano (già vico del Gelso).

Palazzo della Città è a metà corso Telesio. *Palazzo Col-*

---

170 L. BILOTTO, *Guida di Cosenza. Itinerari culturali dalle antiche strade al MAB*, Cerisano, Kompass Service edizioni, 2016, p. 64.

lice è all'inizio d'una ripida discesa che passa per la *casa dei Ferrari*.

P*alazzo Mollo* del secolo XVI, è abbellito da un grande giardino che arrivava fino a colle Triglio.

Villa Rendano, la cui costruzione terminò nel 1891, contiene all'interno affreschi firmati da Giustino Rocciolo e datati 1871. È stata acquistata nel 2009 dalla Fondazione "Attilio ed Elena Giuliani" per fane un soggetto innovatore di cultura e di servizio al territorio.[171]

Tutti i suddetti palazzi gentilizi rivestono di colori della vita Cosenza, città di Bernardino Telesio, che fondò a Cosenza una delle prime accademie scientifiche moderne.

Non bisogna però sottacere le parole di Ernesto Galli Della Loggia, che lamenta il degrado e la speculazione edilizia che hanno interessato soprattutto la Calabria: «Lo spettacolo apocalittico è quello della condizione dei luoghi. Centinaia di chilometri di costa calabrese appaiono distrutti da ogni genere di abusivismo: visioni di una bruttezza asssoluta quanto è assoluto il contrasto con l'originaria amenità del paesaggio. Dal canto loro i centri urbani, di una essenzialità scabra in mirabile consonanza con l'ambiente, sebbene qua e là impreziositi da autentici gioielli storico-artistici, sono oggi stravolti da una crescita cancerosa, chiusi dentro mura di lamiere d'auto, per metà non finiti, luridi di polvere, di rifiuti abbandonati, di un arredo urbano in disfacimento». Cosenza, purtroppo, non fa eccezione alla regola. Ciò nonostante i palazzi maestosi e antichi di Cosenza resistono alla rovina del tempo e degli uomini improvvidi e alla negazione estetica.[172] L'opera *Per ricordare Cosenza*, di Venanzio Spada e Fulvio Terzi con foto di Luigi Oliverio, rimane utile ed essenziale per riscoprire e valorizzare tutte le tracce del centro storico «che possano esprimere qualcosa di significativo».

---

171 *Villa Rendano per la città*, in «Infonight», a. 7 (2019), n. 5, p. 23.
172 P. PONTIERI, *I Portali di Calabria*, Cosenza, Falco Editore, 2010, p. 38.

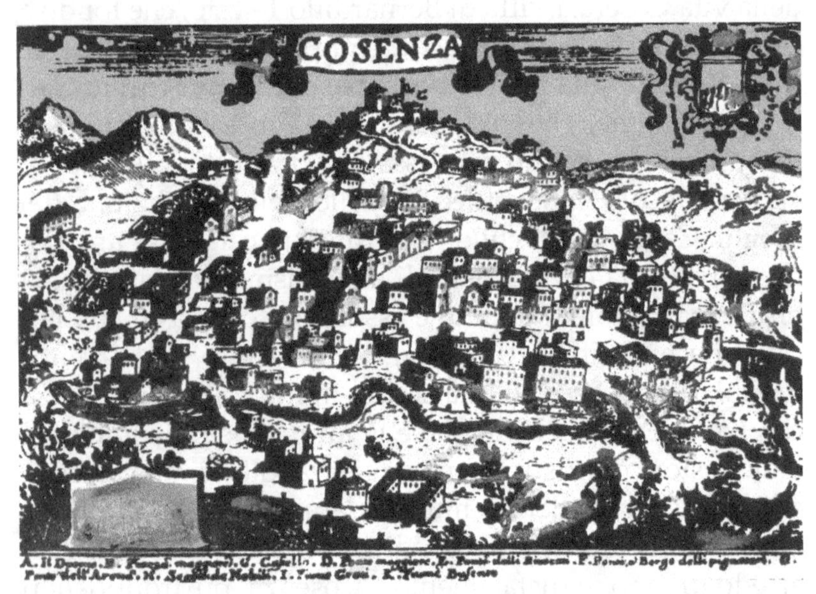

G.B. Pacichelli - Carta di Cosenza 1703

MUSEO DEI BRETTII E DEGLI ENOTRI

Il Museo civico di Cosenza, detto dei Brettii e degli Enotri, è disposto, dopo varie vicissitudini, nell'ex convento di S. Agostino, sorto tra la seconda metà del secolo XV e il primo decennio del secolo XVI, nell'antico borgo dei «Pignatari». Il materiale archeologico era accolto al pianterreno del palazzo dell'Accademia Cosentina e della Biblioteca Civica, in piazza XV Marzo. Il nucleo originario della collezione è legato agli scavi archeologici intrapresi da Luigi Viola nel 1888, nell'area dell'antica colonia magnogreca di Sibari e di altre località della Sibaritide.[173] La notevole collezione museale abbraccia un arco temporale racchiuso tra il paleolitico superiore delle grotte di Cirella fino III secolo d. C. (documentato dall'*oinophoros* d'età romana imperiale). Diversi materiali archeologici provengono dalla provincia di Cosenza. Importanti corredi giungono dalla necropoli di Torre Mordillo, in comune di Spezzano Albanese, dove furono riconosciute oltre 300 sepolture a inumazione (quelle catalogate sono 229) con una ricca suppellettile: armi (spada, cuspide di lancia stretta a foglia d'olivo in bronzo), vasi di varie forme e grandezza, a impasto e decorazione geometrica, idoletto a testa di uccello, fibule di bronzo (fibula ad arco di violino foliata, fibula ad arco serpeggiante e fibula a quattro spirali), armille, falere di bronzo.

Da Cozzo Michelicchio, in territorio di Corigliano Calabro, provengono gli oggetti votivi del VII-VI secolo a. C. e i corredi e le decorazioni architettoniche di San Mauro

173 M CERZOSO, *Cosenza. Museo dei Brettii e degli Enotri*, Cosenza, 2016.

(secolo VI a. C.), anche in territorio di Corigliano.

Il Museo civico di Cosenza esponeva altri significativi reperti: ascia ad aletta del Bronzo finale proveniente da Belvedere Marittimo; corredi della prima metà del ferro rinvenuti nelle necropoli di Cleto, di Serra d'Aiello, Amendolara; vari oggetti scoperti a Francavilla Marittima: fibule, dischi compositi, timpani circolari; un'interessante fibula di bronzo ad arco serpeggiante del tipo «a nastro», statuette fittili, e lucerne venute alla luce nella grotta delle Ninfe a Cerchiara Calabra.

Le sale 1-2-3-4 mostrano reperti ascritti all'età della pietra e all'età dell'antichissima popolazione italica degli Enotri, stanziata pressappoco nella regione augustea *Lucania et Bruttium,* e scomparsa sotto la pressione dei Greci e degli Osci-Sabelli (verso la metà del secolo V a. C.).

I Greci diedero alla terra già da loro abitata il nome di *Enotria,* collegato a Enotro, figlio di Licaone re dell'Arcadia e di Cillene. In seguito, il nome fu interpretato come «terra del vino», dal greco *oinos,* ed esteso poi all'Italia meridionale e anche a tutta l'Italia. L'etimologia ebraica si riconduce però alla «pece» abbondante in Sila.

Le sale 5-6-7-8 hanno materiali archeologici che chiariscono le vicende di Sibari, colonia achea della Magna Grecia (*Megale Hellàs*), fondata nel secolo VIII a. C., che raggiunse, secondo Diodoro, con tutta la *chora,* cioè con il territorio popolato e coltivato, una popolazione di circa 300 mila unità, pari a quanta ne possedeva l'intera Attica nel periodo di massimo splendore di Atene.

Gli Achei gettarono le fondazioni di Sibari, di cui François Lenormant scrive: *Non credo che esista in alcuna parte del mondo niente di più bello dei campi dove fu Sibari. Lì tutto è riunito contemporaneamente: il ridente verde dei dintorni di Napoli, la grandezza dei più maestosi paesaggi alpestri, il sole e il mare della Grecia.* Sorta in un'area pianeggiante sulla costa ionica calabrese, tra il 720 e il 708 a. C., si affermò come centro mercantile e punto di convergenza sulle vie di traffico del Mediterraneo e del Tirreno, sulle cui coste sorsero importanti città, come Posidonia (Paestum), Laos, Skidros, Kerilloi (Cirella) e altre. I coloni, per ricordare la madrepatria, chiamarono i due fiumi, fra i quali era stata fondata la città, Sybaris, in ricordo di una fonte che sgorgava presso Bura e Crathis dal fiume che scorreva presso Ege. Da Elice proveniva Ois o Is, ecista della colonia, che per primo concorse alla grandezza di Sibari, che in seguito divenne così potente da comandare quattro etnie (o popoli vicini) e avere soggette venticinque città. Le acque dei fiumi irrigavano i terreni che i Sibariti avevano risanato e trasformato in campagne «d'una miracolosa fertilità».[174] Ma la loro arroganza non trovò alcun alleato nella rivalità contro i Pitagorici. Settanta giorni, narra Strabone, furono sufficienti a distruggere Sibari così ricca e famosa per il lusso e i piatti di anguille guarnite di bietole.[175] I Crotoniati, guidati da Milone, sconfissero i Sibariti in un'aspra battaglia (510 a. C.) e ruppero gli argini del Crati, le cui acque allagarono la città abbattendo via case e monumenti, come narra Erodoto di Alicarnasso. I Messeni in segno di lutto si rasarono i capelli.[176] I Sibariti, che si erano rifugiati in parte a Lao e a Scidro, con l'aiuto di Pericle, parteciparono alla fondazione di *Thurii* (444 a. C.). Dopo la seconda guerra punica, Thurii divenne colonia romana e fu chiamata *Copia,* abbandonata nel secolo VI d. C. per l'impaludamento e la diffusione della malaria.

Le sale 9-10 del Museo dei Brettii e degli Enotri contengono evidenze archeologiche di un popolo che i Greci chiamavano *Brettii* e i Romani *Bruttii,* che liberatisi dalla

---

174 F. LENORMANT, *La Grande-Grèce. Paysages et histoire*, Paris, Libraire-Éditeur, 1881, p. 225. Gli abitanti di Sibari riempivano solo sul Crati una cinta di 50 stadi.

175 L. CONFORTI, *Città, personaggi, storie della Magna Grecia*, Soveria Mannelli, Rubbettino, 2013, p. 29.

176 A. VALENTE, *Memorie di Calabria*, Cosenza, Pellegrini, 2015, p. 29.

sottomissione ai Lucani, costituirono una forte Confederazione con capitale Cosenza, che aveva fra gli altri obiettivi anche la conquista delle città greche della costa.[177]

Jordanes descrisse la Calabria, situata all'estremità meridionale della penisola, «*come una lingua che avanzi a separare il Tirreno dall'Adriatico, e prende il nome di Bruzia da una sua regina d'un tempo*». Giustino considerò i Brettii abili guerrieri. I Bruzi lottarono con successo contro Alessandro il Molosso, re d'Epiro, e contro Agatocle di Siracusa. Cosenza e la «piccola» Petèlia, che si voleva fondata da Filottéte, si tennero fedeli a Roma contro Annibale. Cartagine, dopo tre anni di assedio, difesa da Asdrubale, fu distrutta da P. Cornelio Scipione Emiliano (146 a. C.). La pace augustea trasformò *Consentia* «da villaggio in città».[178] Bernardino Bombini scrisse dei Bruzi: *Si possono considerare come un'entità collegata a quella dei Lucani, di originaria pertinenza al ceppo sannita; la loro attività era subordinata all'autorità lucana, fino a quando non se ne resero autonomi*. Alle falde del colle Pancrazio di Cosenza, in contrada Villanello, sono stati scoperti oggetti del periodo IV-III secolo a. C. Altri oggetti sono stati trovati alle «Cannuzze», alla sinistra della confluenza del torrente Rovella nel Crati: *oinophoros* d'età romano-imperiale, ossia piccole brocche di ceramica (fine III secolo d. C.); una custodia cilindrica in bronzo; uno strumento simile all'odierno bisturi. In grande considerazione era tenuta l'epigrafe latina in onore di Valerio Flacco, che restaurò la *Rocca brettica*. Importantissimo reperto archeologico è la stele funeraria rinvenuta, nel 1904, nell'area del giardino dell'episcopio, durante i lavori del Seminario arcivescovile. L'iscrizione sepolcrale *(Ia, figlia di Demetrio, salve)* ricorda una defunta seduta e due servi che assistono al commiato. Sono quattro le figure scolpite

177 L. VERCILLO, *La storia dei Brettii e l'origine di Cosenza*, Rende, Ed. Vercillo, 1994, p. 35.

178 D. FICARA, *Linee di storia della Calabria*, Reggio Calabria, Logos, p. 20.

nell'edicola sepolcrale di marmo: due più grandi, in primo piano, e due più piccole sul fondo. La donna seduta, avvolta in un chitone dalle profonde scanalature, ha l'indice e il medio della mano sinistra tesi e i capelli, che scendono sulla fronte, divisi dalla scriminatura centrale. L'uomo, avvolto in un *himation* dall'ampia e plastica curvatura centrale delle pieghe, presenta un largo volto e quattro file di capelli ricci. La giovane serva impugna una cassetta (*kibotion*), con la mano destra, e uno specchio con la sinistra. Il giovane schiavo, con il volto sfigurato, ha una chioma ricadente sulle spalle e un lembo della veste nella sinistra.

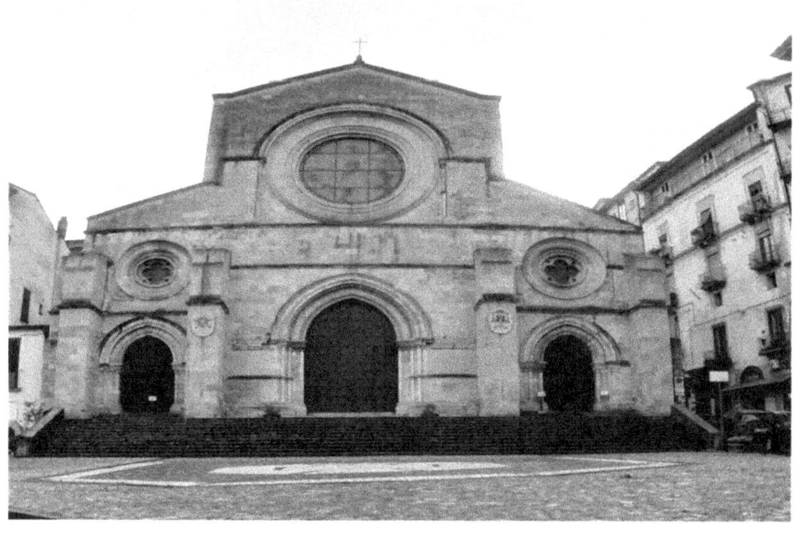

Cattedrale di Cosenza

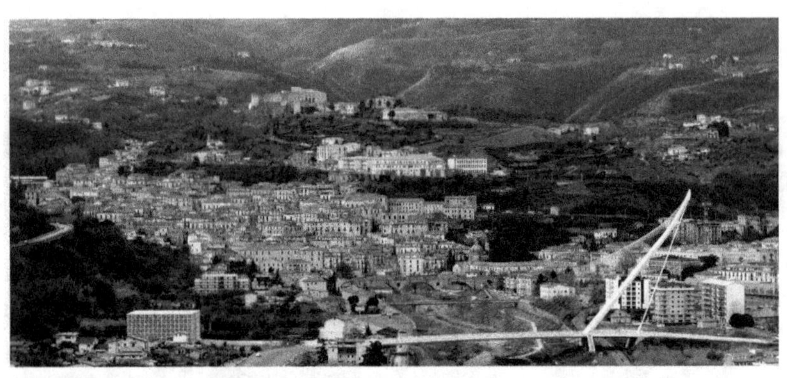

Luigino Capizzano - Foto panoramica di Cosenza

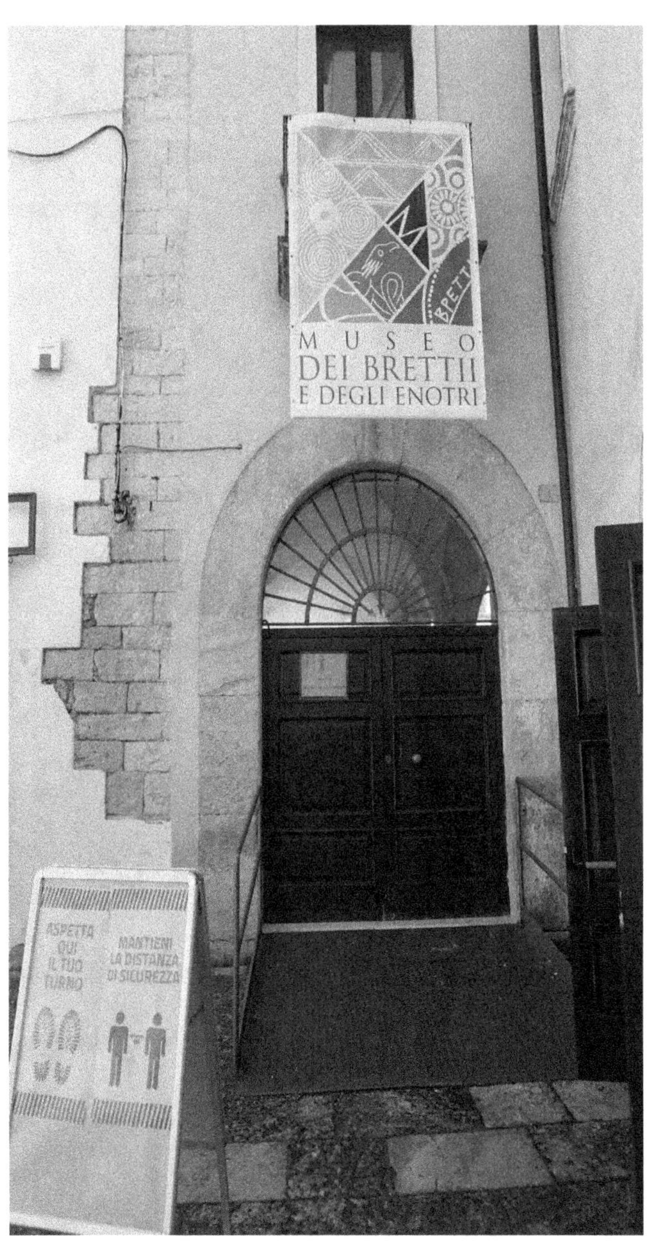

Museo dei Brettii e degli Enotri

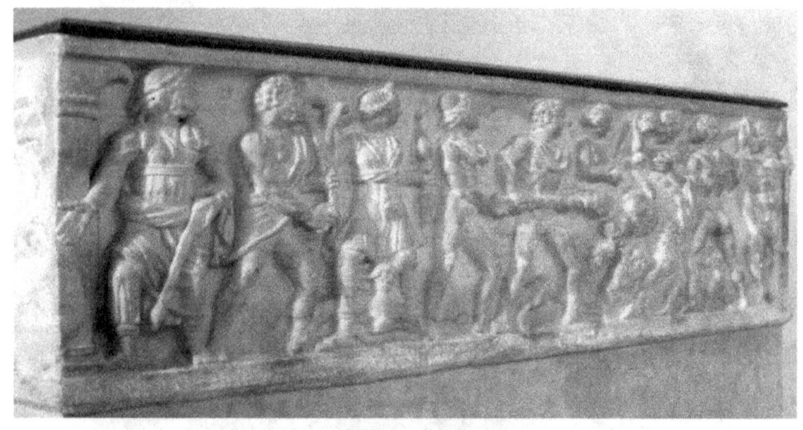

Sarcofago Enrico VII di Svevia

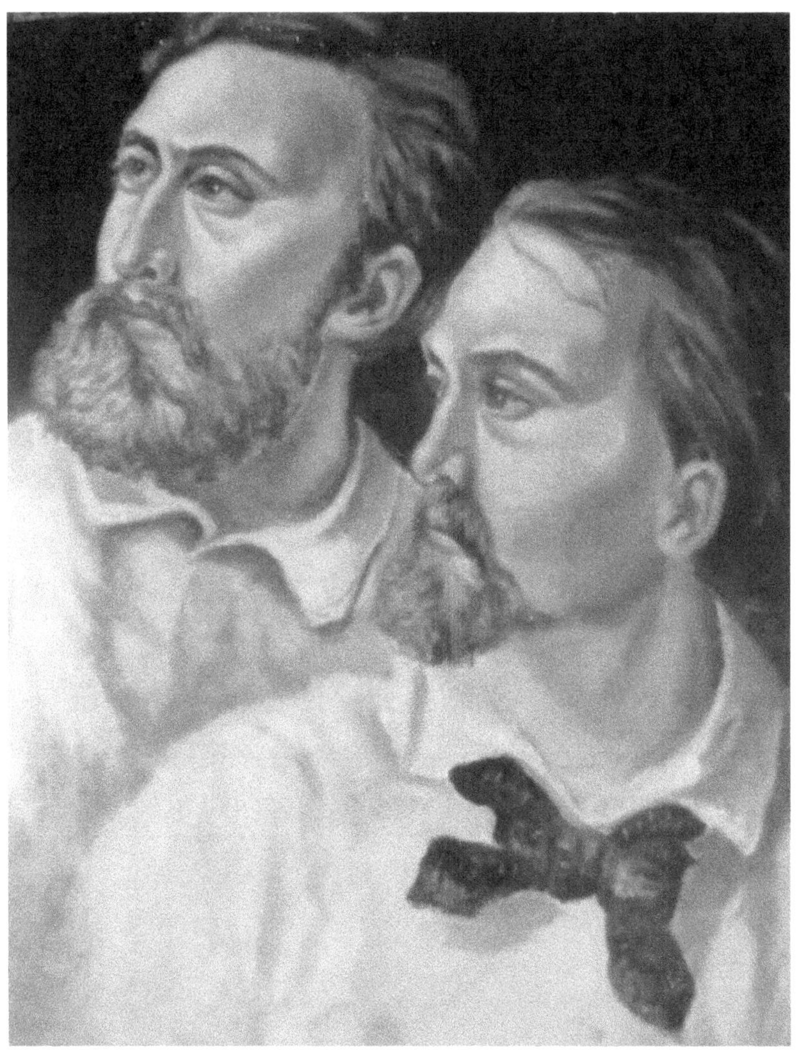

I fratelli Bandiera fucilati a Cosenza

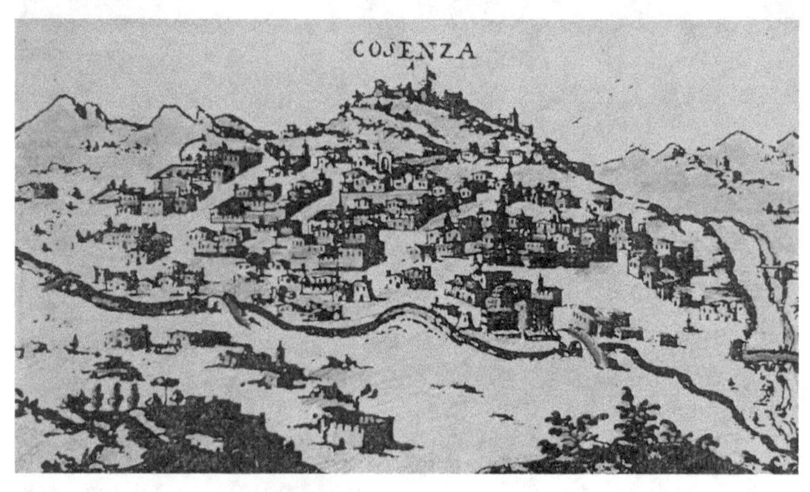

Museo Nazionale di Vienna - Cosenza nel 1698

Sommario

www.ingramcontent.com/pod-product-compliance
Lightning Source LLC
LaVergne TN
LVHW050316160826
845677LV00014B/3416

* 9 7 8 8 8 9 2 9 2 0 4 0 8 *